ELISABETH ENGLER

ESSIG UND SHRUBS SELBST GEMACHT

DIE 65 BESTEN REZEPTE

riva

ELISABETH ENGLER

ESSIG UND SHRUBS SELBST GEMACHT

DIE 65 BESTEN REZEPTE

riva

Bibliografische Information der Deutschen Nationalbibliothek:
Die Deutsche Nationalbibliothek verzeichnet diese Publikation in der Deutschen Nationalbibliografie. Detaillierte bibliografische Daten sind im Internet über http://d-nb.de abrufbar.

Für Fragen und Anregungen:
info@rivaverlag.de

Originalausgabe
1. Auflage 2018

Nymphenburger Straße 86
D-80636 München
Tel.: 089 651285-0
Fax: 089 652096

Redaktion: Caroline Kazianka
Umschlaggestaltung: Laura Osswald
Umschlagabbildungen: Elisabeth Engler, Magdanatka/Shutterstock.com, RebeccaPicard/iStockphoto.com, Roman Voloshny/Shutterstock.com, 279photo Studio/Shutterstock.com
Satz: inpunkt[w]o, Haiger (www.inpunktwo.de)
Druck: Florjancic Tisk d.o.o., Slowenien
Printed in the EU

ISBN Print 978-3-7423-0526-8
ISBN E-Book (PDF) 978-3-7453-0083-3
ISBN E-Book (EPUB, Mobi) 978-3-7453-0084-0

Weitere Informationen zum Verlag finden Sie unter

www.rivaverlag.de

Beachten Sie auch unsere weiteren Verlage unter www.m-vg.de

INHALT

Wissenswertes über das Naturprodukt Essig

Essig ist ein Naturprodukt, das wir Menschen nicht erfunden, sondern nur entdeckt haben. Bereits in der Antike wurde er nachweislich von den Ägyptern, Persern, Griechen etc. zur Haltbarmachung, als Getränkegrundstoff, aber auch für medizinische Anwendungen, zur Desinfektion, zum Würzen in der Küche und zur Körperpflege verwendet. Und auch heute steht Essig wieder ganz besonders im Fokus: Neue Trendprodukte erobern den Markt und Sterneköche verfeinern mit speziellen hochwertigen Essigen ihre Gerichte.

Betrachtet man die angebotene Ware im Handel genauer, wird man allerdings oftmals enttäuscht: In den meisten Fällen sind die hochgepriesenen Aromen synthetisch hergestellt oder zwar natürlich, dafür aber lediglich in geringen Spuren enthalten. Wirklich gute Produkte sind in der Regel nur von kleineren Essigmanufakturen zu bekommen, die mit höherem Aufwand und in geringen Chargen produzieren und ihre Ware dementsprechend teuer verkaufen müssen. Da bietet es sich an, einfach selbst in der hauseigenen Küche zu experimentieren. Denn auf dem unkomplizierten Weg der Ansatzmethode lassen sich nahezu unendlich viele wunderbar aromatische Frucht- und Gewürzessige herstellen.

Essigbakterien siedeln sich in alkoholhaltigen Flüssigkeiten oder Maische an und produzieren durch einen Fermentationsprozess die sogenannte Essigsäure. Dazu benötigen sie neben dem erwähnten Alkohol auch Sauerstoff. Diese Reaktion nennt sich Essiggärung. Sogenannte »wilde« Essigbakterien siedeln sich oftmals sogar ungewollt in Wein an, weshalb Winzer ihren Rebensaft mit einem Schwefelzusatz versehen (sogar laut Gesetz versehen müssen), der das Wachstum hemmt. Man unterscheidet zwischen chemisch hergestelltem Essig (meist für die Industrie) und Speiseessig, der durch Gärung entsteht.

Um Weinessig zu erhalten, benötigt man daher entweder ungeschwefelten Wein, der jedoch schwer zu bekommen ist, oder aber zumindest einen schwefelarmen Wein, wie es viele Bio-Weine sind. Natürlich kann man auch selbst erst Wein keltern und diesen dann zu Essig vergären lassen. Um letztlich ein gutes Produkt zu erhalten, sind neben großer Sauberkeit einige Schritte im Herstellungsablauf zu befolgen, die nicht ganz so einfach sind.

Im Folgenden finden Sie nicht nur allerlei Wissenswertes zum Thema Essigherstellung, sondern auch eine Vielzahl von Rezepten für ganz unterschiedliche und köstliche Essigvarianten. Ich habe ehrlich gesagt noch niemals einen besseren Essig gekostet als meinen selbst gemachten Birnenessig!

Doch zunächst einmal sehen wir uns Essig noch etwas näher an. Genau betrachtet ist unser Speiseessig eigentlich eine Verdünnung der Essigsäurelösung. Der Gesetzgeber regelt genau den Gehalt an Säure, den handelsüblicher Essig und sogenannte Essigessenz haben müssen bzw. dürfen (»Verordnung über den Verkehr mit Essig und Essigessenz« aus dem Jahr 1972). Außerdem ist es Pflicht, den Säuregehalt auf dem Etikett der Produkte anzugeben.

Gängiger Speiseessig hat einen Gehalt von 5 bis 6 Prozent Säure. Sogenannter Aperitifessig ist ein relativ modernes Produkt, das meist pur genossen wird und nur rund 3 Prozent Säure enthält. Konzentrationen ab 11 Prozent sind lediglich in verdünnter Form genießbar, sonst verätzt man sich Mund und Speiseröhre oder sie lösen Brechreiz aus. Über 15,5 Prozent spricht man von Essigessenz (meist 25 Prozent), die im Haushalt gerne zu Reinigungszwecken (Entkalkungs- und Putzmittel) eingesetzt wird. Einen geschmacklichen Genuss bereitet sie natürlich nicht mehr (auch nicht verdünnt), sie ist nur sehr sauer.

Für unsere Aroma-Essige verwenden wir als Basisessig meist Weinessig (Rotweinessig, Weißweinessig), Apfelessig, Aceto balsamico, Condimento bianco (die weiße Variante von Aceto balsamico), Sherryessig, Malzessig oder Reisessig. Wer Wert auf besondere Reinheit und Qualität legt, dem empfehle ich die Verarbeitung von Bio-Produkten, die es mittlerweile in den meisten Supermärkten gibt.

Auswirkungen auf den Körper

Essig wird im Verdauungsprozess basisch verstoffwechselt, das heißt er wirkt sich basisch aus und hilft dem Körper beim Abbau überflüssiger und sogar krankmachender Säuren. Im Gegensatz zu Stoffwechselresten aus Zitronensäure werden beim Abbau von Essigsäure nicht die Nieren belastet!

Man kann also durchaus guten Gewissens behaupten, dass Essig sich positiv auf die Gesundheit auswirkt – sofern er natürlich nicht im Übermaß genossen wird. Billiger Essig kann jedoch wie auch Weinessig (in geringerem Maß) einen höheren Anteil an Acetonsäure enthalten, die im Ruf steht, Krankheiten wie Darmgeschwüre zu verursachen. Am gesündesten ist wohl der naturtrübe, weder erhitzte (pasteurisierte) noch gefilterte Apfelessig. Ihm werden, meist in Kombination mit etwas Honig und verdünnt mit Wasser, schon fast magische Auswirkungen auf die Gesundheit zugeschrieben. Wer an leicht säuerliche Bio-Äpfel kommt, sollte unbedingt einmal den Versuch wagen, sich seinen eigenen Apfelessig zu »brauen«. Kühl gelagert hält er sich monatelang – auf jeden Fall bis zur nächsten Ernte.

Inhaltsstoffe

Einfacher Essig (sowohl hausgemachter als auch handelsüblicher) besteht aus:

- Wasser,
- Essigsäure,
- Nährstoffen (je nach Sorte unterschiedliche Mineralstoffe, Vitamine, Mikroorganismen),
- geringen Mengen Restalkohol (siehe auch Kapitel »Essig und Alkohol«),
- Aromen (vom alkoholischen Ausgangsprodukt) und restlichen Inhaltsstoffen vom Grundstoff, aus dem der Gärungsessig hergestellt wurde.

Die Qualität des verwendeten Basisalkohols und der Grundstoffe, aber auch das Herstellungsverfahren entscheiden dabei über Geschmack und Verträglichkeit des Endproduktes.

Essig ist zwar als Konservierungsmittel derzeit laut Gesetzgeber nicht mit einem Mindesthaltbarkeitsdatum zu versehen, sollte aber dennoch kühl und dunkel gelagert werden, um die Bildung einer Essigmutter zu vermeiden. So wird die Masse bezeichnet, die aus Essigsäurebakterien besteht und sich zum Beispiel auf

Wein bildet, wenn der längere Zeit offen stehen gelassen wird. Sie fermentiert Alkohol mithilfe von Sauerstoff zu Essigsäure und kann als Basis zur Essigerzeugung verwendet werden.

Wurde der Essig bereits pasteurisiert, besteht die Gefahr nicht mehr, doch leider wurden damit auch viele der wertvollen Inhaltsstoffe zerstört. Durch lange Lagerung werden meist die Aromen nicht besser, darum empfiehlt sich der Verbrauch von Ansatz- bzw. Aroma-Essig in einem Zeitraum von sechs bis acht Monaten. Sollten sich (selten) doch einmal Schimmel- oder Pilzbefall zeigen, ist der Essig selbstverständlich nicht mehr genießbar und muss entsorgt werden.

Durch die Zugabe von Fruchtsäften oder Früchten (besonders in Form von gefrorenem Obst) erhöht sich der Wassergehalt des Aroma-Essigs, dementsprechend reduziert sich also der Säureanteil, was die Haltbarkeit vermindern kann. Diesem kann man jedoch durch die Zugabe von einem Schuss Essigsäure entgegenwirken

Sorten

Das Angebot an Essigsorten ist, wenn man sich einmal damit beschäftigt, erstaunlich groß. Auch wenn manche nur im Ausland gängig sind, ist heutzutage fast jedes Produkt über das Internet bestellbar. Da nicht nur die Nachfrage, sondern auch das Angebot ständig steigt, stehen für unsere Experimente erfreulich viele Basisessige zur Verfügung. Probieren Sie ruhig verschiedene Sorten aus, um Ihren Ansatz zu machen, Sie werden über die unterschiedlichen Ergebnisse staunen! Mittlerweile treibt es den Essig- und Ölliebhaber immer öfter in die sich schnell verbreitenden Spezialläden, in denen er gerne schwelgen wird. Doch achten Sie auch bei Flaschenabfüllung auf die Inhalts- bzw. Aromastoffe.

Gängige Essigsorten sind:

- Aceto balsamico (Balsamicoessig)
- Branntweinessig (Sprit-, Whisky-, Wodka-, Zuckerrohressig)
- Gemüseessig (Kartoffel-, Tomaten-, Spargel-, Gurken-, Möhrenessig)
- Honigessig
- Kokosessig
- Malzessig und Bieressig (beides Getreideessige)
- Molkenessig
- Obstessig (Apfel-, Cidre-, Bananen-, Himbeer-, Kirsch-, Erdbeer-, Litschi-, Traubenessig etc.)
- Reisessig (hell und dunkel)
- Weinessig (Rotwein- oder Weißweinessig, Sherry-, Champagner-, Rieslingessig)

Umeboshiessig aus Japan nennt sich zwar »Essig«, ist aber ein Würzmittel aus salzig eingelegten Umepflaumen und Essig.

Verwendung

Traditionell dient Essig im Haushalt vor allem als Würzmittel für Salat, Soßen, Marinaden, zum Einlegen und Haltbarmachen von Obst und Gemüse (Mixed Pickles) und zur Eigenproduktion von Senf. Noch nicht sehr bekannt sind dagegen Aperitif- oder Digestif-Essige mit einem reduzierten Säuregehalt von meist 2 bis 3 Prozent, die man wie Schnaps pur genießt. Sie sollen die Verdauung fördern und werden gerne statt Alkohol getrunken. Verdünnt mit Wasser, Mineralwasser, Tee oder Saft werden mit zumeist aromatisierten Essigen Erfrischungsgetränke hergestellt, was uns später auch zu den leckeren Shrubs führen wird (ab S. 63). Bereits in der Antike und im Mittelalter griff man gerne zu diesem preisgünstigen und ohne Kühlung haltbaren Getränk zurück, das sich auch die Armen zubereiten konnten.

Die sogenannte Essigessenz mit hochkonzentrierter Säure kann zwar, wenn man sie auf rund 5 Prozent verdünnt, durchaus als Lebensmittel verwendet werden, stellt aber im Vergleich zu den anderen Essigen keinen Genuss dar. Doch als Putz- und Reinigungsmittel zum Beispiel im Kampf gegen Kalkreste ist sie ein biologisch sehr gut verträgliches Mittel.

Wie bereits erwähnt werden naturtrübe Apfelessige wie Naturheilmittel und auch in der Naturkosmetik eingesetzt.

Essig und Alkohol

Essig wird bekanntlich aus Alkohol hergestellt. Dadurch kann, je nach Sorte, ein – wenn auch sehr geringer – Anteil an Restalkohol nach der Gärung im Essigprodukt enthalten sein (bis 0,2 Volumenprozent ist gesetzlich erlaubt, bei aromatisierten Produkten sogar bis zu 1,1 Volumenprozent). Man bezeichnet diesen als sogenannten »natürlichen Alkoholgehalt«. Dies gilt übrigens auch für Lebensmittel, in denen Essig verwendet wurde, wie Fertigsoßen, Ketchup oder Eingemachtes (z. B. sauer eingelegtes Gemüse), aber auch Fruchtsaft (bis ca. 0,4 Milliliter auf 100 Milliliter sind erlaubt). Eine Kennzeichnungspflicht des Herstellers beginnt erst ab einem Alkoholgehalt von 1,2 Volumenprozent in Getränken. Ernährungsphysiologisch wird dieser Restalkohol als unbedenklich und geschmacklich nicht relevant eingestuft. Doch bei einer vorliegenden Alkoholkrankheit, bei der komplett auf Alkohol verzichtet werden muss, kann dies ein Problem darstellen.

Auch bei Lebensmitteln, die extrem geringe Mengen an Alkohol aufweisen, muss der Hersteller keine Angabe dazu machen. Und genau dies kann für Betroffene gefährlich sein. Die Sorten Branntweinessig (Weinbrandessig, Spritessig), Essigessenz (oder verdünnte Essigsäure) ebenso wie Essig, dem nach seiner Herstellung nochmals Traubenmost oder etwas Ähnliches zugesetzt wird, enthalten in der Regel am ehesten Restalkohol (wenn auch wie gesagt in sehr geringer Konzentration). Sogar der viel gerühmte und auch in unseren Rezepten oft verwendete (preisgünstig hergestellte) Aceto balsamico fällt leider unter diese Kategorie. Zwar könnte man theoretisch mittels eines Alkoholanalysesets den Alkoholgehalt bestimmen, doch dieses hat in der Regel eine Messgenauigkeit von +/– 0,1 Volumenprozent und hilft insofern nur sehr bedingt weiter. Daher ist von der Verwendung der genannten Produkte für Suchtkranke (ebenso wie für alle, die einmal sucht- und alkoholkrank waren) zumindest in purer Form abzuraten. Am besten lässt man sich in diesem Fall von seinem Arzt beraten. Immerhin erinnert der Geschmack von Essig durch den hohen Säuregehalt eher weniger an Alkoholgetränke und dürfte somit psychologisch nicht damit in Verbindung gebracht werden. So sollte der Verwendung von Essig aus Reis, Obst oder Gemüsen eigentlich nichts im Wege stehen. Manche Hersteller (besonders bei kleineren Manufakturen, die Essig produzieren) geben auch gerne Auskunft darüber, wenn man sich nicht sicher ist. Besonders bei den pur genossenen sogenannten Aperitifessigen, die nicht nur teuer und hochwertig, sondern auch sehr delikat sind und nicht nur tropfenweise wie sonst im Salat eingesetzt werden, lohnt eine solche Nachfrage ganz bestimmt.

Herstellung von Aroma-Essig

Ansetzen

Kräuter und Gewürze, Früchte oder Fruchtauszüge (Säfte) werden in einen Basisessig gelegt oder mit diesem vermischt, um die Aromen darin zu lösen. Je nach Art der Aromen dauert dies unterschiedlich lange.

Hierbei spielt die Temperatur eine wichtige Rolle, denn bei Wärme (Zimmertemperatur reicht dabei meist) lösen sich die Aromen und Wirkstoffe schneller heraus. Direktes Sonnenlicht ist dagegen schädlich für Fruchtansätze. Kräuter, Blüten und Gewürze sind da eher etwas unempfindlicher.

Wie lange man dem Ansatz dann Zeit gönnen sollte, um zu ruhen, ist bei jedem Rezept angegeben. Viele Kräuter- und Gewürzansätze werden allerdings durch etwas Ruhezeit noch besser. Probieren Sie bei Ihren Versuchen zwischendurch den Ansatz immer wieder aus.

Die hier angegebenen Rezepte können Sie hinsichtlich ihres Gehaltes an Zucker oder Honig an Ihren individuellen Geschmack anpassen. Je nachdem, wie sauer der Essig sein soll, kann mehr oder auch weniger Süße verwendet werden. Gerade das Empfinden von süß oder sauer ist ja grundsätzlich sehr unterschiedlich. Möchten Sie Ihren Ansatzessig vor allem als Aperitifessig oder als Getränk konsumieren, darf er auch gerne etwas süßer oder fruchtiger sein als bei sonstiger Anwendung. Passen Sie die Rezepte ruhig an Ihre eigenen Bedürfnisse an.

Es empfiehlt sich, jede Änderung, die Sie an den Zutaten vornehmen, zu notieren, damit die Wiederholung einer gelungenen Zubereitung möglich ist. Meist erinnert man sich nach einiger Zeit nämlich nicht mehr genau, ob es nun 100 oder doch vielleicht nur 50 Gramm einer Zutat waren.

Filtern

Möchten Sie Ihren Aroma-Essig ganz klar oder stören Sie ein paar Schwebstoffe als Reste von verwendeten Früchten nicht? Je nachdem, wie klar der Essig werden soll, muss der Ansatzessig nach der Ruhezeit einen oder mehrere Filtervorgänge durchlaufen. Die gröberen Teile entfernt man bereits durch ein einfaches Sieb

(aus Edelstahl oder Kunststoff). Sehr feine Teilchen und Schwebstoffe filtert man mithilfe eines (evtl. vorher leicht angefeuchteten) Mulltuches oder auch mit einem Kaffee- oder Likörfilter (Faltenfilter, Bezugsadresse im Anhang S. 93) heraus. Besonders beim Filtern von kleinen Mengen sollte man dabei sehr gründlich vorgehen, um die größtmögliche Ausbeute zu erhalten.

Will man den Essig verschenken, macht sich ein sauber geklärtes Produkt besser. Abgefüllt in ein dekoratives Fläschchen und beschriftet oder etikettiert, können zur Dekoration noch ein paar Gewürze oder Kräuter beigefügt werden – entweder direkt in den Essig geben oder mit einem Schleifchen an den Flaschenhals binden.

Selbst hergestellte Fruchtessige wie Apfel- oder Birnenessig sollte man allerdings immer naturtrüb lassen und nur grob filtern, um die gesunden Inhaltsstoffe nicht zu entfernen.

Weitere Tipps

- Arbeiten Sie immer mit sehr sauber gespülten Gläsern und Flaschen, um einer Keimbildung vorzubeugen und die Haltbarkeit zu verlängern.

- Zur längeren Aufbewahrung eignen sich Gefäße mit Kunststoffdeckeln oder einfach »ausgediente« Essigflaschen. Metall (außer Edelstahl) reagiert mit der Säure und kann sogar giftige Substanzen freisetzen. Unter einen Metalldeckel kann man aber auch doppelt gelegte Frischhaltefolie legen, sodass der Essig nicht mit dem Metall in Berührung kommt und der Geschmack somit nicht verdorben werden kann.

- Während der Ansatzzeit sollte der Essig am besten täglich durchgeschüttelt werden. Achten Sie dabei auf die Dichtigkeit des verwendeten Ansatzgefäßes.

- Bedenken Sie, dass handelsüblicher Aceto balsamico der Art, wie wir ihn hier einsetzen (die preisgünstige Variante, nicht der hochwertige Aceto balsamico Traditionale di Modena), neben den üblichen Sulfiten auch Farbstoffe enthält. Wenn dagegen Allergien bestehen, sollten Sie lieber einen anderen Essig als Ausgangsprodukt wählen wie zum Beispiel Rotweinessig oder den sogenannten weißen Balsamico (Condimento bianco).

- Liegen Allergien oder Lebensmittelunverträglichkeiten vor, zum Beispiel gegen Knoblauch oder andere Inhaltsstoffe, die hier angegeben sind, können Sie diese einfach weglassen oder durch ähnliche Lebensmittel ersetzen, die keine Beschwerden hervorrufen.

Essig selbst herstellen

Wer sich viel mit Essig beschäftigt, kommt um einen eigenen Versuch zur Essigherstellung eigentlich nicht herum. Es macht richtig viel Spaß und relativ wenig Arbeit. Manchmal siedeln sich jedoch nicht nur die nötigen Essigbakterien an, sondern Schimmel oder Kahmhefen, die dann leider den Ansatz verderben.

Doch wenn der Versuch gelingt, bekommt man mit etwas Glück einen hervorragenden Essig und eine Essigmutter, die man weiterziehen und somit weiterverwenden kann. Das Weinessiggut Doktorenhof zum Beispiel, ein Hersteller von hervorragenden Essigen und Aroma-Essig-Zubereitungen, verwendet seine (weitergezüchtete) Essigmutter zum Beispiel bereits seit Jahrzehnten. Sie bildet das Herzstück der Firma, so wie auch manche Bäckereien ihren ganz speziellen Sauerteig seit Generationen führen.

Da die Essigbakterien nicht nur von Alkohol, sondern auch von reichlich Sauerstoff leben und sich dann gut vermehren, verwendet man entweder ein leicht bauchiges Essiggefäß oder Essigfass (für größere Mengen) oder ein zumindest breites Einmachglas für den Ansatz. Und Geduld ist vonnöten, denn je nach Temperatur dauert so eine Essiggärung einige Wochen bis sogar Monate.

Weinessig

Für Weinessig benötigen Sie natürlich Wein. Doch die meisten Weine werden (wie es gesetzlich vorgeschrieben ist) mit Schwefeldioxid (ca. 40 Milligramm pro Liter) versetzt, um die Bildung von wilden Hefen und die Vergärung zu Essig zu verhindern. Da wir aber eben dies vorhaben, ist dieser Schwefel mehr als nur hinderlich. Deshalb empfiehlt sich entweder ungeschwefelter Wein (selten zu bekommen und teuer) oder zumindest ein Wein mit geringerem Schwefelanteil. Da die Menge nicht kennzeichnungspflichtig ist, lässt sich das jedoch erst feststellen, wenn die Essiggärung einsetzt – oder eben nicht. Mit einem selbst hergestellten Wein ohne Schwefel wäre dies natürlich einfacher.

Nach meiner Erfahrung benutzen Bio-Winzer weniger Schwefel, sodass Sie die Essigherstellung mit einem solchen Wein zumindest versuchen können. Oder Sie beziehen ungeschwefelten Wein direkt vom Winzer oder stellen ihn selbst her.

Der Alkoholgehalt muss jedoch grundsätzlich reduziert werden, denn ab 10 Volumenprozent werden die Bakterien abgetötet, die für die Umwandlung zu Essig wichtig sind. Daher verdünnen wir unseren Wein.

1 große Flasche oder Glas mit weiter Öffnung (1,1 l Fassungsvermögen)
0,7 l Bio-Wein (rot oder weiß nach Belieben), zimmerwarm
300 ml Wasser, handwarm
Essigmutter oder 100 ml Reinzucht-Essigbakterien (z. B. Kitzinger, siehe Bezugsadressen S. 93)
Feinstrumpf
Evtl. Watte (nicht aus Baumwolle)

1. Das Glas sehr gut reinigen und trocknen. Wein hineingießen, Wasser zugeben. Die Essigmutter oder die Essigbakterien zufügen und vermischen (keinen Holzlöffel verwenden!).
2. Gefäß mit dem Feinstrumpf überziehen oder den Flaschenhals mit Watte verstopfen (so, dass sie nicht in die Flüssigkeit fallen kann) und dann mit dem Feinstrumpf überspannen. Dies dient dazu, dass die Essigfliege sich nicht über den Ansatz hermachen kann, was ihn verderben würde.
3. Nun benötigt der Ansatz mehrere Wochen bei einer Temperatur von etwa 25 °C (kein direktes Sonnenlicht), damit sich die Bakterien ausbreiten können und den Alkohol in Essigsäure umwandeln. Am besten täglich einmal gut durchrühren oder durchschwenken, sowohl die gesamte Flüssigkeit als auch die Oberfläche.
4. Nach einigen Tagen beginnt der Ansatz leicht zu blubbern, die Bakterien werden aktiv und es kann nach Hefe riechen. Später kann ein klebstoff- oder acetonähnlicher Geruch entstehen, der ein gutes Zeichen für die beginnende Essiggärung ist. Eine gallertartige, glasig-bräunliche Substanz wächst langsam zumeist an der Oberfläche, wird immer dicker und kann durchaus auch auf den Boden sinken: die Essigmutter. Sinkt sie zu Boden, entsteht an der Oberfläche eine neue, weitere Essigmutter.
5. Sollten sich jedoch Schimmel oder auch die sogenannten Kahmhefen bilden (man erkennt sie an einem muffigen Geruch und Geschmack und teilweise auch durch Fadenbildung), ist der Ansatz verdorben und muss entsorgt werden.
6. Geduld ist auf jeden Fall angesagt, denn der ganze Vorgang dauert einige Wochen, wobei es länger dauern oder auch schneller gehen kann. Tut sich auch nach mehreren Wochen bei der besagten Temperatur und täglichem Umrühren nichts, so sind entweder die Essigbakterien zerstört oder der Wein enthält doch zu viel Schwefel. Dann den Ansatz bitte entsorgen.

Apfelessig

Fruchtessig kann nur so gut werden, wie es die verwendeten Früchte sind. Wählen Sie also einwandfreies Obst mit feinem Aroma. Selbst gemachter Apfelessig eignet sich verdünnt mit Wasser und nach Geschmack mit etwas Honig gesüßt als morgendlicher Trunk, für die Limonadenherstellung und für Salate und Dressings.

3 kg Bio-Äpfel
3–4 l Wasser, handwarm
300 g Zucker
Ansatzgefäß (3–4 l Fassungsvermögen)
Feinstrumpf
Evtl. Watte (nicht aus Baumwolle)

1. Die Äpfel waschen und sehr klein schneiden (samt Kernhaus und Schale) oder in einem kräftigen Mixer häckseln.
2. In ein breites Ansatzgefäß (oder bauchig) füllen. Das Wasser zugießen, sodass die Apfelstücke etwa 3–4 cm damit bedeckt sind. Den Zucker einrühren, bis er sich aufgelöst hat. Wie beim Weinessig nun Gefäß mit dem Feinstrumpf überziehen oder den Flaschenhals mit Watte ausstopfen (so, dass sie nicht in die Flüssigkeit fallen kann) und dann mit dem Feinstrumpf zum Schutz vor der Essigfliege überspannen.
3. Den Ansatz dann bei wohligen 23–25 °C für 7–10 Tage stehen lassen, dabei täglich einmal gut durchrühren (nicht mit Holzlöffel!).

4. Wenn sich Schaum gebildet hat, entsteht meist ein aceton- oder klebstoff ähnlicher Geruch. Nun kann man den Ansatz durch ein Tuch sieben. Den trüben Essigansatz füllt man dann wieder in das Ansatzglas (vorher spülen) zurück und verschließt ihn wie zuvor, denn der dünne Essig muss atmen können. Nun braucht er noch 5–8 Wochen (je nach Temperatur). In dieser Zeit bildet sich langsam die Essigmutter. Der Essig ist nun deutlich dunkler geworden und schmeckt – Überraschung – nach Apfelessig (wenn alles gut gegangen ist). Jetzt die Essigmutter herausheben und in ein weiteres sauberes Glas oder einen neuen Ansatz geben und idealerweise mit etwas von dem frischen Apfelessig füttern (100 ml auf 1 l Wasser). Stellt man die Essigmutter kühl, hält sie sich auch über längere Zeit.
5. Der frisch gewonnene Apfelessig wird nun durch ein Sieb gefiltert und in saubere Flaschen abgefüllt. Das ist der große Unterschied zu gekauftem Apfelessig. Denn dieser wird entweder klar gefiltert oder naturtrüb, also mit restlichen Trübstoffen, noch pasteurisiert (erhitzt). Wir filtern unseren gesunden Apfelessig dagegen nur leicht, lassen also die Trübstoffe darin und erhitzen ihn nicht. Unter etwa 12 °C gelagert, verfallen die Essigbakterien in einen Tiefschlaf. So hält sich der Essig monatelang frisch und schmeckt sehr gut. Vor Gebrauch bitte schütteln.

Birnenessig

Auf einem meiner Spaziergänge im ausgehenden Sommer bin ich auf leckere wildwachsende und dennoch süße kleine Birnen am Wegesrand gestoßen. Da sie niemand haben wollte, habe ich sie aufgeklaubt und zu Hause zu Birnenessig verarbeitet. Und siehe da, nach einigen Wochen hatte ich einen sehr leckeren, fruchtigen, milden Birnenessig mit weniger Säure als sonst üblich. Er lagert im Kühlschrank und ich genieße ihn einfach mit Wasser aufgegossen ohne zusätzliche Süße – superlecker!

3 kg süße Birnen
3 l Wasser, handwarm
300 g Zucker
Ansatzgefäß (3–4 l Fassungsvermögen)
Feinstrumpf
Evtl. Watte (nicht aus Baumwolle)

1. Die Birnen waschen und klein würfeln (samt Kernhaus und Schale).
2. In ein breites Ansatzgefäß (oder bauchig) füllen. Das Wasser zugießen, den Zucker einrühren, bis er sich aufgelöst hat. Alle Fruchtstücke müssen unbedingt etwa 2 cm mit Flüssigkeit bedeckt sein, evtl. etwas Wasser nachfüllen. Wie beim Weinessig nun Gefäß mit dem Feinstrumpf überziehen oder den Flaschenhals mit Watte ausstopfen (so, dass sie nicht in die Flüssigkeit fallen kann) und dann mit dem Feinstrumpf zum Schutz vor der Essigfliege überspannen.
3. Den Ansatz dann bei wohligen 23–25 °C stehen lassen und täglich einmal gut durchrühren (nicht mit Holzlöffel!).
4. Wenn sich Schaum gebildet hat, entsteht meist ein aceton- oder klebstoffähnlicher Geruch.
5. Diesen Essig muss man zunächst nicht durchsieben, man kann ihn auch einfach so lange stehen lassen, bis der Geschmack passt. Doch immer fleißig umrühren!
6. Nach etwa 8 Wochen dann durch ein Sieb filtern und in saubere Flaschen abfüllen (die Trübstoffe wie beim Apfelessig drinlassen und Essig nicht erhitzen). Kalt lagern und bald genießen. Vor Gebrauch bitte schütteln. Der Essig hält sich monatelang im Kühlschrank.

Rezepte zum Ansetzen von aromatisiertem Essig

Bei den folgenden Ansatzrezepten finden Sie Empfehlungen, zu welchen Gerichten der jeweilige Essig besonders gut passt.

Beachten Sie dabei, dass es sich um ein sehr hochwertiges Produkt handelt, und verwenden Sie es sparsam, manchmal sogar nur tropfenweise. Gerade die selbst gemachten Aroma-Essige sind sehr intensiv und die Gerichte benötigen oft nur eine ganz kleine Menge, damit die anderen Aromen nicht zu sehr verdrängt werden.

Besonders mit Chili-Essig sollte man vorsichtig umgehen, er ist richtig scharf, wenn er lange ziehen darf! Wenn man keine Marinade herstellt, gibt man Aroma-Essig erst kurz vor dem Servieren zum Gericht und schmeckt dann ab, sonst werden die feinen Aromen zerkocht. Allerhöchstens einen kurzen Aufkoch- oder Aufwärmvorgang, mehr sollte man dem Essig nicht zumuten. Richtig eingesetzt veredelt der Aroma-Essig die Speisen und macht sie zur Delikatesse.

FRUCHT- UND BLÜTENESSIGE

Die Ansätze sollten nicht in der Sonne, sondern bei Zimmertemperatur an einem eher dunklen Ort ruhen, damit einerseits die Farbe erhalten bleibt und andererseits die empfindlichen Aromen keinen Schaden nehmen.

Ausnahmen sind: Nüsse, Hagebutten, Ebereschenbeeren.

Aprikosenessig

Fruchtiger, leicht dickflüssiger Essig

Für 250 ml
10 Min.
Ruhezeit: 7–10 Tage

100 g getrocknete Aprikosen (ungeschwefelt)
2 cm Zimtstange
2 Nelken
350 ml Weißweinessig
1 TL Bio-Orangenschalenabrieb

1. Die Aprikosen hacken, mit der Zimtstange und den Nelken in eine Schüssel oder einen kleinen Kochtopf geben und über Nacht zugedeckt im Essig einweichen.
2. Dann alles zusammen kurz aufkochen, vom Herd nehmen und auskühlen lassen. Die Orangenschale zugeben und das Ganze in ein verschließbares Ansatzglas umfüllen.
3. 7–10 Tage lang ruhen lassen. Durch ein Sieb abgießen, evtl. nochmals durch einen Kaffeefilter laufen lassen und den fertigen Essig in eine Flasche abfüllen.

Passt besonders zu:

- Salat, Dressing, Schwein, Geflügel, Fisch, Meeresfrüchten, kaltem Braten und Käse
- Eis, Panna Cotta, Pudding und Apfelkompott
- als Aperitif mit Mineralwasser oder Prosecco (etwa 1 : 10)

Berberitzenbeerenessig

Leicht cremiger, fruchtiger Balsamessig von rötlicher Farbe

Für 400 ml
20 Min.
Ruhezeit: 2 Wochen

150 g getrocknete Berberitzenbeeren (ungeschwefelt)
300 ml Apfelsaft
1 Vanilleschote
1 EL Honig
300 ml Weißweinessig oder Condimento bianco

1. Getrocknete Beeren mit dem Saft in einen Kochtopf geben und über Nacht zugedeckt einweichen lassen. Die Vanilleschote mit einem scharfen Messer längs aufschneiden und das Mark herauskratzen. Schote und Mark zu den Berberitzen geben und alles zum Kochen bringen. 10 Min. lang unter Rühren leicht kochen lassen. Den Honig darin auflösen und den Essig zufügen. Nochmals aufkochen, dann Topf vom Herd nehmen und Mischung abkühlen lassen.
2. In ein verschließbares Ansatzglas mit weitem Hals umfüllen und 2 Wochen lang ruhen lassen.
3. Danach grob filtern, dann noch durch ein Mulltuch laufen lassen. Den fertigen Fruchtessig abfüllen.

Passt besonders zu:

- Salat, Dressing, Wild, Geflügel, gebratenem oder gegrilltem Fleisch, kaltem Braten und als Dip zu Käse
- Eis, Parfait, Panna Cotta, Pudding und Obstsalat
- als Aperitif mit Mineralwasser oder Prosecco (etwa 1 : 10)

Birnen-Holunder-Essig

Frischer, goldfarbener, fruchtiger Essig

Für 450 ml
10 Min.
Ruhezeit: 1 Woche

4 Holunderblütendolden, frisch gepflückt
300 ml Birnensaft
300 ml Weißweinessig

Passt besonders zu:

- Salat, Dressing, Wild und Geflügel, Rind, Schwein, Kaltem Braten, Meeresfrüchten, Fisch und Käse
- Eis, Parfait, Panna Cotta, Pudding und Kompott
- als Aperitif mit Mineralwasser oder Prosecco (etwa 1 : 9)

1. Die Holunderblütendolden gut ausschütteln, damit sich kein noch so kleiner Käfer mehr darin befindet. Den Birnensaft in einen Topf gießen und die Blüten ohne die Stiele dazugeben. Über Nacht abgedeckt stehen lassen.
2. Danach Flüssigkeit auf dem Herd zum Kochen bringen und bei sehr niedriger Hitze auf die Hälfte einkochen. Den Essig zugeben, einmal aufkochen, dann Topf vom Herd nehmen und Mischung abkühlen lassen.
3. In ein verschließbares Ansatzglas umfüllen und 1 Woche lang ruhen lassen. Danach durch ein Mulltuch fein filtern und abfüllen.

Cranberry-Essig

Cremiger, fruchtig-süßer Balsamessig von rotbrauner Farbe

Für 300 ml
20 Min.
Ruhezeit: 3 Wochen

200 g frische Cranberrys
½ Vanilleschote
100 ml Wasser
1 Stück Langer Pfeffer
250 ml Aceto balsamico

Passt besonders zu:

- Blattsalat, Wildbeizen, Fleischmarinaden, Meerrettichsoße, Kürbisgerichten, Blaukraut, Pilzen, Ziegen- und Schafskäse
- Eis, Parfait, Panna Cotta und Pudding
- als Aperitif mit Mineralwasser oder Prosecco (etwa 1 : 10)

1. Die Cranberrys waschen und klein schneiden. Die Vanilleschote aufschlitzen und in Stücke schneiden. Das Wasser in einem Topf zum Kochen bringen, die Cranberrys und die Vanilleschote zufügen und 5 Min. köcheln lassen.
2. Den Pfeffer im Mörser grob zerstoßen. Den Aceto balsamico und den Pfeffer zu der Cranberry-Soße geben und nochmals 5 Min. simmern lassen. Danach Topf vom Herd nehmen und Mischung abkühlen lassen. In ein verschließbares Ansatzglas umfüllen und 1 Woche lang ruhen lassen.
3. Danach durch ein Sieb filtern, evtl. nochmals durch einen Kaffeefilter feinfiltern, dann abfüllen. Die Fruchtreste können auf Wunsch nochmals mit Aceto balsamico aufgefüllt werden (sie müssen ganz bedeckt sein) und sollten nun weitere 14 Tage ruhen, bevor man sie ebenfalls filtert. Der zweite Ansatz hat dabei zwar etwas weniger Aroma als der erste, ist aber immer noch fein fruchtig.

Dattelessig

Ganz besonders cremiger, süß-saurer Balsamessig von dunkelbrauner Farbe

Für 200 ml
20 Min.
Ruhezeit: 5 Tage

100 g getrocknete Datteln (ungeschwefelt)
200 ml Aceto balsamico
Abrieb von 1/3 Bio-Limette
1 Kardamomkapsel

Passt besonders zu:

- Salat, Tomaten, Käse, Beizen und Marinaden von Wild, Geflügel, Rind und Schwein, Soßen, Feigen, orientalischer und arabischer Küche
- Süßspeisen und Desserts
- als Aperitif mit Mineralwasser oder Prosecco (etwa 1 : 9) oder als Digestif

1. Die Datteln entsteinen und mit dem Aceto balsamico in einem Mixer feincremig pürieren.
2. Die Limette mit heißem Wasser abwaschen, abtrocknen und die Schale in der richtigen Menge abreiben. Essig-Frucht-Mix und den Schalenabrieb in ein verschließbares Glas geben. Den Kardamom im Mörser grob zerreiben und zufügen.
3. Gefäß verschrauben und Mischung 5 Tage lang ruhen lassen.
4. Danach durch ein Sieb filtern, bis alle Fruchtrückstände entfernt sind, dann abfüllen. Die Fruchtpulpe kann auf Wunsch noch einmal mit Aceto balsamico aufgefüllt werden und sollte nun weitere 14 Tage ruhen, bevor man sie abfiltert.

Erdbeeressig

Sommerleichter fruchtiger Balsamessig von rötlicher Farbe

Für 400 ml
10 Min.
Ruhezeit: 2 Wochen

200 g Erdbeeren, am besten Walderdbeeren
1 EL Blütenhonig
1 Zweig frische Minze oder Melisse
300 ml Apfelessig

Passt besonders zu:

- Blattsalaten, Dressing, Spargel, Spinat, Schweinefleisch (auch kalt), Frischkäse und Quarkauflauf
- Eis, Parfait, Käsekuchen und Pudding
- als Aperitif mit Mineralwasser oder Prosecco (etwa 1 : 9)

1. Die Erdbeeren waschen und stückig schneiden, Strunk dabei entfernen (bei Walderdbeeren ist meist keiner dran, diese leicht andrücken statt schneiden). In eine Schüssel geben und mit dem Honig und den gewaschenen und grob zerkleinerten Minze- oder Melisseblättchen 2 Std. lang zugedeckt marinieren lassen.
2. Dann in eine weithalsige Flasche geben und mit dem Essig auffüllen. Alle Früchte müssen gut mit Flüssigkeit bedeckt sein. Für 2 Wochen an einen hellen, nicht zu warmen Ort stellen.
3. Jetzt durch ein feines Sieb filtern, danach nochmals durch ein Mulltuch drücken und den fertigen Fruchtessig abfüllen.

Frühlingsblütenessig

Abhängig von den verwendeten Blüten erhält man einen goldgelben bis rosafarbenen Blütenessig mit leichten Aromen.

Für 500 ml
10 Min.
Ruhezeit: 2 Wochen

2 Handvoll gemischte Frühlingsblüten, zum Beispiel: Löwenzahn-, Veilchen-, Gänseblümchen-, Schlüsselblumen-, Schnittlauch-, Stiefmütterchen-, Taubnessel-, Fliederblüten
500 ml klarer Apfelessig
Schale von ½ Bio-Limette
1 EL Blütenhonig

Passt besonders zu:

- Grünen Salaten, Feldsalat, Obstsalat, Spargel, Erdbeeren, Käse, Dressing, Marinaden
- Fisch, Meeresfrüchten, eher zarten, feinen Gerichten

1. Die Blüten trocknen, gut ausschütteln, damit sich keine Insassen mehr darin befinden. Stielansätze wegzupfen. Limette waschen und abtrocknen. Blüten zusammen mit dem Essig und der Limettenschale (ohne die weiße Unterhaut) in eine Ansatzflasche füllen. Den Honig zugeben und alles gut schütteln. Für 2 Wochen an einen hellen Platz ohne direkte Sonneneinstrahlung stellen. Am besten täglich einmal schütteln.
2. Dann durch ein feines Sieb filtern und abfüllen.

Granatapfelessig

Samtiger, fruchtiger Balsamessig von sattem Rot

Für 500 ml
20 Min.
Ruhezeit: 1 Woche

2 Granatäpfel
80 g Blütenhonig
1 Sternanis
350 ml Weißweinessig

1. Die Granatäpfel halbieren, mit einer Zitruspresse den Saft auspressen und filtern. Abmessen, es sollten etwa 300 ml ergeben. Saft mit dem Honig und dem Sternanis in einem kleinen Kochtopf bei niedriger Hitze etwa 10 Min. sanft einkochen, bis man 150 ml leichten Sirup erhält. Den Sternanis herausnehmen und das Gemisch abkühlen lassen. Den Essig unterrühren und alles in eine Flasche füllen. Mindestens 1 Woche lang ruhen lassen.
2. Dann durch ein Mulltuch laufen lassen und den fertigen Fruchtessig in eine Flasche füllen.

Passt besonders zu:

- Salat (vor allem Feldsalat und Rucola), Dressing, Lamm, Kaninchen, Hühnchen, Wild und Geflügel, Rind, Schwein, kaltem Braten, Meeresfrüchten, Fisch und Käse
- Eis, Parfait, Limonencreme, Pudding und Kompott
- als Aperitif mit Mineralwasser oder Prosecco (etwa 1 : 10)

Alternativ mit Condimento bianco angesetzt, wird dieser Essig milder.

Hagebuttenessig

Hellrötlicher, fruchtiger Essig mit leichtem Gewürzaroma

Für 500 ml
30 Min.
Ruhezeit: 2–3 Wochen

300 g frische Hagebutten
300 ml Weißweinessig
300 ml Apfelessig
2 EL Rosenblütenblätter, getrocknet
1 EL Blütenhonig
3 Gewürznelken
1 Stück Bio-Zitronenschale (alternativ Bio-Orangenschale)

Passt besonders zu:

- Salat, Rohkost, Dressing, Gemüse, Ente, Geflügel, Schwein, Leber, kaltem Braten, Meeresfrüchten, Fisch und Käse
- Obstsalat, Melone und Kompott

1. Die Hagebutten waschen und das Wasser gut abschütteln. Die Kelchreste abschneiden und die Hälfte der Hagebutten entkernen. Alle Hagebutten mit 200 ml Weißweinessig übergießen und in einem Kochtopf 10 Min. lang köcheln.
2. Abkühlen lassen und den restlichen Essig, die Rosenblütenblätter sowie den Honig, die Gewürznelken und die gewaschene Zitronen- oder Orangenschale zugeben.
3. Mischung in eine weithalsige Flasche füllen und 2–3 Wochen lang ruhen lassen.
4. Durch ein feines Sieb filtern und in eine Flasche füllen.

Hagebuttenbalsamessig

Cremiger, besonders gesunder fruchtiger Balsamessig

Für 500 ml
15 Min.
Ruhezeit: 3 Wochen

300 g Hagebutten der Kartoffelrose, vollfleischig
1 Vanilleschote
500 ml Weißweinessig
Nach Geschmack etwas Zucker oder Agavendicksaft

Passt besonders zu:

- Salat, Rohkost, Dressing, Soßen, Gemüse, Ente, Geflügel, Schwein, Leber, kaltem Braten, Wild und Käse
- Obstsalat, Melone, Marmelade, Kompott, auch zur Verfeinerung von Desserts und Eis sowie Eingemachtem

1. Hagebutten abwaschen, Kelchansätze herausdrehen, Hagebutten halbieren und in eine Flasche füllen. Vanilleschote längs aufschlitzen, dann in 1 cm lange Stücke aufschneiden und zu den Hagebutten geben. Mit dem Essig auffüllen und Mischung 3 Wochen lang verschlossen ruhen lassen.
2. Dann in einen kräftigen Mixer umfüllen und grob mixen (die Kerne sind sehr hart und werden meist nicht sehr stark zerkleinert, aber das macht nichts). Danach durch ein grobes Sieb filtern. Den Essig mit den Schwebestoffen erneut im Mixer möglichst fein pürieren, im Anschluss nochmals durch ein feines Sieb oder einen Nussmilchbeutel filtern.
3. Nach Belieben noch mit Zucker oder Agavendicksaft süßen und in eine saubere Flasche abfüllen.

Himbeer-Ingwer-Essig

Herrlich fruchtiger Essig mit Suchtpotenzial! Allein die rote Farbe und der Duft machen bereits Appetit.

Für etwa 700 ml
15 Min.
Ruhezeit: 3 Wochen

350 g frische oder gefrorene Himbeeren (aufgetaut)
500 ml Apfelessig
Schale von ½ Bio-Zitrone
5 Blätter Melisse
10 cm Bio-Ingwer

1. Die Himbeeren gegebenenfalls waschen, in ein Ansatzgefäß geben (nur tadellose Früchte ohne jeglichen Schimmelansatz verwenden!) und mit dem Essig aufgießen, sodass alle Früchte gut bedeckt sind. Die Zitrone waschen, abtrocknen und die Schale (ohne die weiße Unterhaut) sowie die gewaschenen und gehackten Melissenblätter zufügen. Den Ingwer waschen (Bio-Ware muss man nicht schälen) und entweder fein reiben oder in kleine Stücke schneiden und zum Essig geben. Das Ansatzgefäß verschließen und Mischung 3 Wochen ausziehen lassen.
2. Dann durch ein Sieb filtern, anschließend nochmals durch ein Küchenhandtuch laufen lassen und in eine Flasche füllen.

Passt besonders zu:

- Blattsalaten, Rohkost, Dressing, Kurzgebratenem, Kalbfleisch, Geflügel, Schwein, Leberpastete, kaltem Braten, Meeresfrüchten, Fisch und Käse
- Obstsalat, Süßspeisen und Kompott
- als Aperitif mit Mineralwasser oder Prosecco (etwa 1 : 9)

Alternativ mit weißem Balsamico angesetzt, wird dieser Essig milder. Gefrorene Himbeeren vor der Verwendung auftauen lassen, sonst wird die Säure stärker verdünnt.

Holunder(beeren)balsam

Leicht cremiger, fruchtiger Balsamessig von sehr dunkler Farbe

Für 500 ml
10 Min.
Ruhezeit: 1–2 Wochen

250 g frische Holunderbeeren
etwas frische Bio-Zitronenschale
½ Zimtstange
¼ TL geriebene Muskatnuss
100–150 g Rohrzucker
350 ml Aceto balsamico

1. Die Holunderbeeren waschen, dicke Stiele abschneiden. Zitrone waschen und abtrocknen. Holunder mit den Gewürzen, der Zitronenschale (ohne die weiße Unterhaut), der Hälfte vom Zucker und dem Essig in einen Kochtopf geben und langsam zum Kochen bringen. So lange unter Rühren kochen, bis die Beeren alle geplatzt sind und ihren Saft abgegeben haben. Mit dem restlichen Zucker auf die gewünschte Säure/Süße abschmecken.
2. Durch ein Sieb filtern und in eine Flasche füllen. Noch 1–2 Wochen lang ruhen lassen. Evtl. weitere Trübstoffe entfernen, indem man den Essig durch ein Küchentuch laufen lässt. Den fertigen Balsam in eine Flasche füllen.

Passt besonders zu:

- Salat (vor allem Feldsalat und Rucola), Dressing, Lamm, Kaninchen, Hühnchen, Wild, Geflügel, Entenleberterrine, Rind, Schwein, kaltem Braten und Käse
- Eis, Cremes, Pudding, Kompott, besonders zu Äpfeln, Birnen, Quitten und Pflaumen
- als Aperitif mit Mineralwasser oder Prosecco (etwa 1 : 9)

Alternativ mit weißem Balsamico angesetzt, wird dieser Essig dunkelviolett und noch fruchtiger. Auch ein Versuch mit Rotweinessig lohnt sich.

Holunderblütenessig

Frischer, hellgoldener Blütenessig

Für 500 ml
5 Min.
Ruhezeit: 2–3 Wochen

3 Dolden Holunderblüten, frisch gepflückt
Schale von 1 Bio-Zitrone oder ½ Bio-Orange
1 EL Blütenhonig
250 ml Weißweinessig
250 ml klarer Apfelessig

1. Die Holunderblüten am besten nicht waschen, sondern nur gut ausschütteln, da ein Großteil der ätherischen Öle, die unserem Essig seinen unvergleichlichen Geschmack geben, in den Blütenpollen enthalten ist. Die Stiele abschneiden, je weniger Stielansätze im Essig landen, desto besser wird das Ergebnis (sie machen bitter!).
2. Die Blüten in eine weithalsige Flasche geben.
3. Zitrone oder Orange waschen und abtrocknen. Zitrusschale, Honig und die beiden Basisessige hinzufügen und Mischung verschlossen 2–3 Wochen lang ziehen lassen.
4. Danach den Essig abseihen und in Flaschen abfüllen. Die entfernten Blüten nochmals mit Essig aufgießen (der zweite Ansatz wird zwar zarter im Aroma, aber immer noch sehr lecker) und entsprechend weiterbehandeln.

Passt besonders zu:

- Salat (vor allem Spargelsalat und Blattsalaten), Dressing, Soßen, Marinaden, Gemüse, Hühnchen, Wild, Rind, Schwein, Meeresfrüchte und Fisch
- Eis, Pudding, Apfelkompott, Obstsalat und frischen Früchten (gerade Erdbeeren)
- als erfrischendes Sommergetränk verdünnt mit Mineralwasser oder kaltem Tee (etwa 1 : 9), als Aperitif mit Sekt (etwa 1 : 10)

Als Basisessig kann auch Rotweinessig oder weißer Balsamico ausprobiert werden.

Gundermannblüten-Essig

Heller Blütenessig mit harmonisch-sanften Aromen

Für 250 ml
5 Min.
Ruhezeit: 2 Wochen

1 Handvoll frische Gundermannblüten (am besten mittags gepflückt)
250 ml Condimento bianco oder klarer Apfelessig
1 EL Orangenzucker

1. Die Blüten von Verunreinigungen oder kleinen Käferchen befreien, aber nicht waschen. Stielansätze abzupfen.
2. Die Blüten und Blättchen in eine Flasche geben und den Basisessig sowie den Orangenzucker daraufgeben, sodass alle Blüten damit bedeckt sind.
3. Gefäß verschließen und Mischung 2 Wochen ziehen lassen.
4. Dann durch ein Sieb abgießen und in eine Flasche füllen.

Passt besonders zu:

- Salat, Dressing, Meeresfrüchten, Fisch, Fischsuppe, Gemüse, und allem, von dem das sehr feine Aroma des Blütenessigs nicht überdeckt wird
- Obstsalat, Avocados und Kompott
- als Aperitif mit Mineralwasser oder Prosecco (etwa 1 : 10)

Lindenblütenessig

Sanft goldener, eher milder Blütenessig

Für 500 ml
10 Min.
Ruhezeit: 3 Wochen

1 Handvoll Lindenblüten, frisch oder (dann etwas weniger) getrocknet
2 EL Blütenhonig
1 Bio-Limette
250 ml Condimento bianco
250 ml klarer Apfelessig

1. Die sauberen Lindenblüten in ein Ansatzgefäß füllen. Blütenhonig und die gewaschene, in dünne Scheiben geschnittene Limette zufügen.
2. Den Essig in einem Topf zum Kochen bringen und sofort über den Blütenansatz gießen. Mischung erst abkühlen lassen und dann das Gefäß verschließen. Alle Blüten müssen ganz mit der Flüssigkeit bedeckt sein.
3. Mischung 3 Wochen lang ausziehen lassen.
4. Dann durch ein Sieb filtern, bis die Flüssigkeit klar ist, und in Flaschen abfüllen.

Passt besonders zu:

- Salat (vor allem Gurken-, Spargel- und Kartoffelsalat), Beizen und Marinaden von hellem Fleisch und Fisch und Meeresfrüchten
- Obstsalat, speziell Erdbeeren
- mit Mineralwasser verdünnt als erfrischendes Sommergetränk (etwa 1 : 9) oder mit Prosecco als Aperitif (etwa 1 : 9)

Kornelkirschessig

Ein fruchtiger Essig mit schönen Aromen und einer appetitlichen roten Farbe

Für 500 ml
15 Min.
Ruhezeit: 3 Wochen

300 g Kornelkirschen
1 EL Blütenhonig oder weißer Kandiszucker
2 cm frischer Bio-Ingwer
5 Korianderkörner
500 ml Rotweinessig

1. Die Kornelkirschen waschen und das Wasser abschütteln. In ein Gefäß füllen und die Kirschen dann grob zerdrücken. Honig oder Kandiszucker zugeben. Ingwer waschen (Bio-Ware muss man nicht schälen), klein schneiden und mit den angedrückten Korianderkörnern hinzufügen.
2. Den Essig in einem Topf kurz aufkochen und noch heiß über die Kirschmischung gießen. Gefäß verschließen und Mischung 3 Wochen lang ausziehen lassen.
3. Dann filtern und in Flaschen füllen.

Passt besonders zu:

- Salat, Dressing, Lamm, Wild und Geflügel, Schwein und Käse
- Eis, Pudding, Kompott, Marinade von Obstsalat und frischen Früchten
- als Aperitif mit Mineralwasser oder Prosecco (etwa 1 : 10)

Alternativ mit klarem Apfelessig angesetzt, bekommt dieser Fruchtessig eine sehr leckere Note.

Wer es gerne pikant hat, gibt zum Ansatz eine geschnittene Chilischote hinzu.

Lavendelessig

Rosafarbener Blütenessig mit harmonisch-sanften Aromen

Für 500 ml
10 Min.
Ruhezeit: 2 Wochen

15 Stängel Lavendel mit Blüten, am besten mittags gepflückt
1 TL Bio-Zitronenschale
500 ml Weißweinessig

1. Die Blüten von den Stängeln zupfen, die Stängel mit einer Schere in Stückchen von etwa 2 cm schneiden und alles in ein Ansatzgefäß geben.
2. Zitrone waschen und abtrocknen. Die Zitronenschale (ohne die weiße Unterhaut) zufügen.
3. Den Essig über den Lavendel gießen. Gefäß verschließen und 2 Wochen lang ziehen lassen.
4. Danach durch ein Sieb filtern und in eine Flasche füllen.

Passt besonders zu:

- Salat, Dressing, Meeresfrüchten, Fisch, Fischsuppen, Gemüse, mediterraner Küche, Marinaden von Wild und dunklem Fleisch, Carpaccio vom frischen und geräucherten Fisch
- Eis, Cremespeisen, Obstsalat und gut für die Sorbetherstellung
- als Aperitif mit Mineralwasser oder Prosecco (etwa 1 : 10)

Limettenessig

Goldgelber Fruchtessig mit frischen Aromen

Für 500 ml
10 Min.
Ruhezeit: 3 Wochen

2 Bio-Zitronen oder Limetten
3 Salbeiblätter
1 Zweig Rosmarin
250 ml Weißweinessig
250 ml klarer Apfelessig
1–2 TL Honig (Blüten- oder Waldhonig)

Passt besonders zu:

- Salat, Blattsalat, Dressing, Fisch, Geflügel, Fleisch, Gemüse und mediterranen Gerichten
- Fruchtsalat, Zabaione, Panna Cotta und Kompott

1. Die Zitronen oder Limetten waschen und abtrocknen. Die Schalen mit einer Reibe (oder einem Zestenreißer) abziehen. Mit den gewaschenen Kräutern in eine Flasche geben, mit beiden Basisessigsorten auffüllen. Zuletzt den Honig zufügen und alles gut durchschütteln, damit der Honig sich auflöst.
2. Etwa 3 Wochen lang sollte dieser leckere Essig Zeit haben, sein Aroma zu entfalten.
3. Dann durch ein Mulltuch oder einen Kaffeefilter abseihen und in Flaschen abfüllen.

Maracujaessig

Bräunlicher Essig mit exotisch-fruchtigen Aromen

Für 250 ml
10 Min.
Ruhezeit: 2–3 Wochen

2 Maracujas
1 EL Haushaltszucker
1 EL Muscovado- oder Kokosblütenzucker
1 Vanilleschote
250 ml Sherryessig oder Apfelessig

1. Die Maracujas aufschneiden und die Kerne mit einem Kaffeelöffel herausschaben. Zusammen mit dem weißen und dem Muscovadozucker und der aufgeschlitzten, klein geschnittenen Vanilleschote in ein Ansatzgefäß füllen. Mit dem Essig begießen und Mischung verschlossen 2–3 Wochen lang ruhen lassen, dabei am besten täglich schütteln.
2. Anschließend durch ein Küchentuch klar filtern und in Flaschen abfüllen.

Passt besonders zu:

- Salat, Blattsalat, fruchtigen Dressings, Fisch, Geflügel, Fleisch, Gemüse, Kartoffelbrei, asiatischen Gerichten und Käse
- Obstsalat, Eis, Kokosdesserts, Cremespeisen, Pfannkuchen, Kompott, Joghurt und Nüssen
- verdünnt mit Mineralwasser als erfrischendes Sommergetränk (etwa 1 : 9) oder mit Prosecco als Aperitif (etwa 1 : 10)

Eine würzige Variante erhält man durch die Zugabe von 2 angedrückten Kardamomkapseln oder etwas frischem Ingwer.

Orangenessig

Aromatischer, orangefarbener Fruchtessig

Für 200 ml
10 Min.
Ruhezeit: 1 Woche

1 Bio-Orange
4 Pimentkörner, ganz
2 TL Orangenzucker oder brauner Rohrzucker
2 Zweige Basilikum
200 ml Apfelessig

1. Die Orange waschen und abtrocknen. Mit einer Reibe die Schale ohne die weiße Unterhaut abreiben und in ein Ansatzgefäß füllen.
2. Die Pimentkörner in einem Mörser grob zerstoßen. Zusammen mit dem Zucker und dem gewaschenen, klein gehackten Basilikum zugeben, mit dem Apfelessig auffüllen. 1 Woche lang verschlossen ruhen lassen, dabei öfters durchschütteln.
3. Dann durch ein Küchentuch klar filtern und abfüllen.

Passt besonders zu:

- Salat, Blattsalat, Gurkensalat, Dressing, Beizen, Fisch, Geflügel, Fleisch, Gemüse, Karotten und asiatischen Gerichten
- Kuchen, Apfelstrudel, Fruchtsalat, Erdbeeren, Kokosdesserts, Zabaione, Panna Cotta und Kompott
- verdünnt mit Mineralwasser als erfrischendes Getränk (etwa 1 : 10)

Quittenessig

Etwas dickflüssiger, fruchtiger Balsamessig von rötlicher Farbe

Für 600 ml
40 Min.
Ruhezeit: 3–4 Wochen

2 Quitten
250 ml Wasser
1 Zimtstange
3 EL Blütenhonig
250 ml Sherryessig
250 ml Weißweinessig

1. Die Quitten waschen, schälen, das Kernhaus herausschneiden und das Fruchtfleisch in Stücke schneiden. Mit dem Wasser und der Zimtstange in einen Kochtopf geben und 30 Min. lang köcheln. Dabei oft umrühren, damit nichts anbrennt. Die Zimtstange entfernen und das Quittenkompott etwas abkühlen lassen. Nun den Honig darin auflösen und alles mit einem Pürierstab mixen. Beide Essige zufügen und Mischung abgekühlt in ein Ansatzgefäß füllen. Verschlossen 3–4 Wochen lang an einem kühlen Ort lagern.
2. Danach durch ein Sieb und nochmals durch ein Mulltuch oder einen Likörfilter laufen lassen und in Flaschen abfüllen. Eine weitere Lagerzeit von 1–2 Wochen tut dem Aroma-Essig gut.

Passt besonders zu:

- Salat, Blattsalat, Dressing, Rotkohl, Lamm, Kaninchen, Wild und Geflügel, Rind, Schwein, kaltem Braten, Meeresfrüchten, Fisch und Käse
- Eis, Parfait, Limonencreme, Pudding und Kompott

Alternativ kann dieser Essig auch mit weißem Balsamico oder in Apfelessig angesetzt werden, dann wird er milder und noch fruchtiger.

Ringelblumenessig

Fruchtig-feiner Balsamessig

Für 500 ml
10 Min.
Ruhezeit: 3–4 Wochen

- 1 TL Bio-Zitronenschale
- 2 Handvoll frische Ringelblumenblüten
- 2 EL Sommerblütenhonig oder Agavendicksaft
- ½ TL Salz
- 350 ml klarer Apfelessig
- 150 ml Weißweinessig

1. Zitrone waschen und abtrocknen. Die Blütenblätter abzupfen und mit dem Honig, der Zitronenschale und dem Salz in ein Ansatzgefäß füllen.
2. Beide Basisessige in einem Kochtopf mischen und kurz aufkochen. Über die Blüten gießen und das Gefäß verschließen.
3. Für 3–4 Wochen an einem hellen Ort ohne direktes Sonnenlicht stehen lassen, danach klar filtern und in Flaschen abfüllen.

Passt besonders zu:

- Salate, Dressing, Lamm, Kaninchen, Hühnchen, Wild und Geflügel, Rind, Schwein, kaltem Braten, Meeresfrüchten, Fisch und Käse
- Eis, Parfait, Limonencreme, Pudding und Kompott
- als Aperitif verdünnt mit Mineralwasser, Limonade oder Prosecco (etwa 1 : 10)

Tomatenessig

Säuerlich-frischer rötlicher Essig

Für 250 ml
15 Min.
Ruhezeit: 2–3 Wochen

- 80 ml Weißweinessig
- 200 ml klarer Apfelessig
- 80 g getrocknete Tomaten
- 20 Pfefferkörner oder ½ TL geschroteter Pfeffer
- 2 Knoblauchzehen
- 3 TL Honig
- 6 Stängel frisches Basilikum
- 2 Prisen Salz

1. Beide Essige in einem Topf zum Kochen bringen. Die Tomaten klein schneiden und mit dem zerstoßenen Pfeffer und den geschälten, fein geschnittenen Knoblauchzehen zum Essig geben, kurz aufkochen lassen. Danach Herd abschalten, Honig zugeben und dann Mischung abkühlen lassen.
2. Gewaschene Basilikumzweige sowie das Salz in eine weithalsige Flasche geben und die Essigmischung darübergießen. Gefäß verschließen und Mischung 2–3 Wochen lang ruhen lassen.
3. Danach den Essig entweder durch ein Sieb filtern und abfüllen oder die Basilikumstängel aus der Flüssigkeit holen und den Essig dann so verwenden, wie er ist, da das recht dekorativ aussieht.

Passt besonders zu:

- Salat, Tomate mit Mozzarella, Dressing
- Pasta, Reis, Fischgerichten, Käse, mediterranen Gerichten, Kartoffelgerichten
- Gemüse, Marinaden für Grillfleisch und Gemüse, Kurzgebratenem

KRÄUTER- UND GEWÜRZESSIGE

Diese Ansätze vertragen meist sowohl Sonnenlicht als auch Wärme gut, benötigen aber Zeit, damit die Gewürze ihr Aroma voll an den Essig abgeben können. Eine an die Ansatzzeit anschließende weitere Ruhezeit verbessert das Aroma noch.

Amaro-Essig

Sehr außergewöhnlicher, würziger dunkler Essig mit winterlicher Note

Für 400 ml
10 Min.
Ruhezeit: 4 Wochen

1 Sternanis
1 Kardamomkapsel
1 TL Koriandersamen
1 TL Anissamen
½ Zimtstange
1 Vanilleschote
½ Bio-Zitrone
1 TL getrockneter Thymian
1 TL getrocknete Lavendelblüten
1 EL getrocknete Pfefferminze
1 TL getrockneter Rosmarin
1 TL getrocknete Holunderblüten oder 1 frische Blütendolde
1 TL Kamillenblüten
Nach Belieben 1–2 EL Honig oder Rohrzucker
1 EL getrocknete oder frische Bio-Orangenschale
500 ml Malzessig (alternativ Sherryessig oder Aceto balsamico)

1. Die Gewürze im Mörser grob zerstoßen, die Zimtstange in Stücke brechen. Vanilleschote der Länge nach aufschlitzen und das Mark herauskratzen. Die Zitrone waschen, abtrocknen und in Stücke schneiden. Die vorbereiteten Zutaten mit den Kräutern, dem Honig (oder Rohrzucker), wenn gewünscht, und der Orangenschale (evtl. gewaschen und ohne die weiße Unterhaut) in ein Ansatzgefäß füllen.
2. Den Essig in einem Topf zum Kochen bringen und dann über die Mischung gießen. Gefäß verschließen und Ansatz nun mindestens 4 Wochen lang ruhen lassen. Währenddessen täglich schütteln.
3. Dann durch ein Küchentuch oder einen Nussmilchbeutel klar filtern und abfüllen.

Passt besonders zu:

- Dressing, Marinaden, dunklem Fleisch, Lamm, Wild und Geflügel sowie Käse
- Eis, Parfait, Limonencreme und Kompott

Anisessig

Sehr aromatischer, eher süßlicher Essig, der verdauungsfördernd wirkt. Sparsam verwenden!

Für 250 ml
10 Min.
Ruhezeit: 4 Wochen

1 TL Anissamen
2 ganze Sternanis
250 ml Weißweinessig oder Condimento bianco
1 EL Waldhonig

1. Anis und Sternanis in einem Mörser grob zerstoßen. Den Essig in einem Topf zum Kochen bringen, die zerstoßenen Gewürze zufügen und alles 5 Min. lang leicht köcheln lassen. Dann 10 Min. lang abkühlen lassen.
2. Den Honig darin auflösen und den Ansatz nun in eine Flasche füllen. Wenn der Essig kalt ist, Gefäß verschließen und für 3 Wochen an einem dunklen und kühlen Ort lagern. Täglich schütteln.
3. Danach Mischung durch ein Küchentuch klar filtern und abfüllen.

Passt besonders zu:

- Vinaigrette, Gemüse, Kartoffelgerichten
- karamellisierten Fonds und Gerichten, Fisch, Meeresfrüchten und Käse

Asia-Essig

Exotisch-aromatischer, hell-klarer Essig

Für 500 ml
10 Min.
Ruhezeit: 3 Wochen

60 g frisches Zitronengras
20 g Bio-Ingwer
2 g Koriandersamen
1 g getrocknete Jasminblüten
500 ml Reisessig oder Weißweinessig

Passt besonders zu:

- Vinaigrette, Salat, Gemüse, Kartoffelgerichten, Pasta, Reis
- Currys, Fisch, Marinaden zum Grillen, Meeresfrüchten, Hähnchen, Schwein, asiatischen Gerichten und Kokosmilchgerichten

1. Das Zitronengras waschen, mit einem Plattiereisen oder einer Flasche der Länge nach klopfen, damit das ätherische Öl austritt. Zitronengras und gewaschenen Ingwer (Bio-Ware muss man nicht schälen) in Stücke schneiden. Koriandersamen im Mörser grob zerstoßen. Alles mit den Jasminblüten in ein Ansatzgefäß füllen.
2. Den Essig in einem Topf aufkochen und über die Mischung gießen. Gefäß verschließen und 3 Wochen lang ruhen lassen, dabei täglich schütteln.
3. Dann durch ein Küchentuch klar filtern und abfüllen.

Bärlauchessig

Leckere Knoblauchnote ohne die lästige Geruchsbildung von echtem Knoblauch.

Für 500 ml
5 Min.
Ruhezeit: 2–3 Wochen

10 frische Bärlauchblätter
2 Schalotten
10 Pfefferkörner
1 TL Meersalz
500 ml Weißweinessig

1. Die Bärlauchblätter waschen, trocken tupfen und grob hacken. Die Schalotten schälen und fein würfeln. Pfeffer grob zerstoßen. Die vorbereiteten Zutaten mit dem Salz in ein Ansatzgefäß geben und mit dem Essig auffüllen, sodass alles gut bedeckt ist. Gefäß verschließen und Mischung bei Zimmertemperatur 2–3 Wochen dunkel ausziehen lassen.
2. Dann durch ein Küchentuch filtern und abfüllen.

Passt besonders zu:

- Vinaigrette, Tomaten, Zucchini, Gemüse, Linsen, Kartoffeln, Pasta
- Marinaden, Soßen, Fleisch, kräftigen Fischgerichten und mediterraner Küche

Beim Sammeln bitte keinesfalls mit den hochgiftigen Maiglöckchen oder der Herbstzeitlosen verwechseln, die dem Bärlauch sehr ähnlich sehen und gerne in seiner Nähe wachsen!

Basilikumessig

Aromatisch-frischer, heller Essig

Für 500 ml
10 Min.
Ruhezeit: 2 Wochen

10 Pfefferkörner
1 Schalotte
5 dicke Zweige frisches Basilikum
Schale von ½ Bio-Zitrone
500 ml Weißweinessig oder klarer Apfelessig

1. Pfeffer grob zerstoßen. Schalotte schälen und in Stücke schneiden. Basilikum waschen, gut ausschütteln und grob hacken. Die vorbereiteten Zutaten in ein Ansatzgefäß füllen.
2. Zitrone waschen, abtrocknen und die Zitronenschale zufügen.
3. Mischung mit dem Essig auffüllen, sodass alles gut bedeckt ist. Gefäß verschließen und Ansatz an einem eher warmen Ort 2 Wochen lang ziehen lassen.
4. Dann filtern und abfüllen.

Passt besonders zu:

- Salat (vor allem Tomaten- und Rucolasalat), Gemüse, Hülsenfrüchten, Kartoffeln
- Marinaden, Soßen, mediterraner (bzw. asiatischer) Küche

Eine eher asiatisch-exotische Note erhält man durch die Verwendung von Thai-Basilikum.

Chili-Essig

Rötlich-heller Essig, je nach verwendeten Chilischoten und Ansatzzeit sehr scharf!

Für 250 ml
5 Min.
Ruhezeit: 3 Wochen

15 getrocknete rote Chilischoten
Schale von ½ Bio-Limette
1 Zweig frischer Rosmarin
1 TL schwarze Pfefferkörner
270 ml klarer Apfelessig

1. Die Chilis grob zerdrücken und in ein Ansatzgefäß füllen. Die Limette waschen, abtrocknen und die Schale (ohne die weiße Unterhaut), den gewaschenen Rosmarin und den schwarzen Pfeffer zufügen.
2. Den Essig in einem Topf kurz aufkochen und noch heiß über die Mischung gießen, sodass alles gut bedeckt ist. Gefäß verschließen und Ansatz 3 Wochen an einem zimmerwarmen Ort ruhen lassen.
3. Dann durch einen Filter gießen und abfüllen. Den Chili-Essig am besten in eine kleine Flasche mit Tropfausgießer füllen und sehr sparsam verwenden.

Passt besonders zu:

- kräftigen Salaten (Tomaten, Endivie oder Rucola), Gemüse, Wokgerichten, Fleisch, Hülsenfrüchten, Kartoffeln, Reis, Pasta
- mediterraner und asiatischer Küche (zum Beispiel für die berühmte Chilisoße zu Sushi und Frühlingsrollen)

Es können auch frische Chilis verarbeitet werden, die man vorher in dünne Scheiben schneidet. Dabei niemals mit den Händen die Augen oder Schleimhaut berühren und die Hände danach sofort gründlich abwaschen!

Estragonessig

Heller Essig mit aromatisch-frischem Geschmack

Für 500 ml
10 Min.
Ruhezeit: 3 Wochen

- 1 Stück langer Pfeffer oder 10 Pfefferkörner
- 1 Schalotte
- 4 Zweige frischer Estragon
- 1 TL Wacholderbeeren
- 500 ml Weißweinessig, evtl. auch klarer Apfelessig

1. Pfeffer grob zerstoßen. Schalotte schälen und in Stücke schneiden. Estragon waschen, Wasser abschütteln, grob hacken. Alles in ein Ansatzgefäß geben, die angedrückten Wacholderbeeren hinzufügen.
2. Den Essig in einem Topf auf gut 50 °C erwärmen und über die Mischung schütten, sodass alles gut bedeckt ist. Gefäß verschließen und Ansatz an einem dunklen Ort 3 Wochen lang ziehen lassen.
3. Dann filtern und abfüllen.

Passt besonders zu:

- Salat (vor allem Tomaten- und Rucolasalat), Gemüse, Hülsenfrüchten, Kartoffeln
- Marinaden, Soßen, mediterraner oder asiatischer Küche

Die Beigabe von einem kleinen, frischen Estragonzweig in die fertige Essigflasche ist eine beliebte optische Verschönerung. Sobald der Estragon sich braun verfärbt, sollte er aber wieder entfernt werden.

Die Zubereitung mit Rotweinessig ergibt ebenfalls eine sehr gute Variante.

Fischessig (Blauer Karpfen)

Aromatischer, vielseitiger Kräuteressig

Für 400 ml
15 Min.
Ruhezeit: 3 Wochen

- 2 frische Salbeiblätter
- 1 EL getrockneter oder frischer Dill
- 1 EL getrocknete oder frische Petersilie
- 3 Lorbeerblätter
- 1 TL Wacholderbeeren
- 1 Knoblauchzehe
- 2 Schalotten
- 1 EL Senfkörner
- 1 EL Pfefferkörner
- 500 ml Weißwein- oder Rieslingessig
- 1 EL Sellerie oder Petersilienwurzel
- 1 EL Karotte

Passt besonders zu:

- Vinaigrette, Salat
- vor allem aber zur Zubereitung von Fischgerichten wie Forelle oder Karpfen blau, blauen Zipfeln, Sauerbraten, Linseneintopf und »Saures Lüngerl«

1. Die frischen Kräuter waschen, trocken schütteln und grob zerschneiden. Die Lorbeerblätter mit den Fingern zerreiben. Die Kräuter mit den angedrückten Wacholderbeeren in ein Ansatzgefäß füllen. Den angedrückten Knoblauch, die geschälten, gewürfelten Schalotten und die Senfkörner zugeben.
2. Pfefferkörner im Mörser zerstoßen. Weißweinessig zusammen mit dem Pfeffer und dem gewaschenen und klein gewürfelten Gemüse in einem Topf zum Kochen bringen und dann über den Ansatz gießen. Abkühlen lassen, Gefäß verschließen und Mischung 3 Wochen lang an einem dunklen Ort ruhen lassen.
3. Dann durch einen Filter geben und in Flaschen abfüllen.

Pfefferessig hot and spicy

Aromatisch-scharfer Essig mit schöner Aromenvielfalt

Für 500 ml
10 Min.
Ruhezeit: 2 Wochen

2 Schalotten
1 EL gemischter Pfeffer (z. B. Langer Pfeffer, Kubebenpfeffer, Schwarzer Pfeffer, Szechuanpfeffer, grüner Pfeffer, echter roter Pfeffer)
Nach Belieben 2 TL getrocknete oder frische Bio-Orangenschale
500 ml Weißweinessig oder Condimento bianco

1. Die Schalotten waschen, mit der Schale in Stücke schneiden und in ein Ansatzgefäß füllen. Den Pfeffer grob schroten oder im Mörser zerdrücken und mit der Orangenschale, wenn gewünscht, dazugeben.
2. Den Essig in einem Topf zum Kochen bringen. Heiß über die Mischung im Ansatzgefäß schütten und dann alles abkühlen lassen. Gefäß verschließen und Ansatz 2 Wochen lang ziehen lassen.
3. Dann durch ein Tuch filtern und in Flaschen abfüllen.

Passt besonders zu:

- Salat (vor allem kräftigen Salaten wie Tomaten-, Endivien- und Radicchiosalat), Gemüse, Fleisch, Geflügel, Grillfleisch
- Reis, Pasta, Grillgemüse, Hülsenfrüchten, Kartoffeln, Marinaden und Soßen

Mit ein paar bunten (ganzen) Pfefferkörnern in der Flasche, die man später zugeben kann, sieht der Essig besonders dekorativ aus.

Provenzalischer Kräuteressig

Aromatischer, hell- bis goldbrauner Kräuteressig

Für 500 ml
10 Min.
Ruhezeit: 2 Wochen

15 g frischer Thymian
1 Zweig frischer Rosmarin
1 Zweig frischer Lavendel
½ TL frischer oder getrockneter Oregano oder Majoran
2 Lorbeerblätter
1 TL frische oder getrocknete Bio-Zitronenschale
1 Knoblauchzehe
10 Pfefferkörner (z. B. Tellicherry)
530 ml Condimento bianco

1. Die frischen Kräuter waschen, trocken schütteln und grob zerschneiden. Lorbeerblätter mit den Händen zerreiben. Zitrone gegebenenfalls waschen und abtrocknen. Kräuter und Zitronenschale in ein Ansatzgefäß füllen. Den Knoblauch schälen, in dünne Scheiben schneiden und zugeben. Pfeffer im Mörser grob zerstoßen.
2. Essig und Pfeffer in einem Topf zum Kochen bringen und über den Ansatz gießen. Abkühlen lassen, Gefäß verschließen und Mischung 2 Wochen lang an einem dunklen Ort ruhen lassen.
3. Durch einen Filter geben und abfüllen.

Passt besonders zu:

- Vinaigrette, Blattsalat, Tomaten, Erbsen, Karotten, Gemüseeintopf, weißen Bohnen, Pasta, Kartoffelgerichten, Marinaden, Pilzen, Käse
- Schweinefleisch, Geflügel, Wild, Lamm, Kalbfleisch und Fisch, zu Grillgerichten und der mediterranen Küche.

Rote Liebe

Je nach gewählten Früchten dunkelblauer bis roter, intensiv fruchtiger Essig

Für 300 ml
10 Min.
Ruhezeit: 2–3 Wochen

5 Stängel frischen Lavendel oder 1 EL getrocknete Lavendelblüten
50 g frische Himbeeren oder Brombeeren
300 ml Weißweinessig oder klarer Apfelessig
½ Vanilleschote

1. Frischen Lavendel waschen und trocken schütteln. Die Lavendelblüten von den Stängeln streifen. Frische oder getrocknete Blüten in ein Ansatzgefäß füllen. Die gewaschenen, verlesenen Früchte zufügen und mit einem Löffel direkt im Gefäß etwas andrücken. Mit dem Essig auffüllen.
2. Die Vanilleschote mit einem spitzen Messer längs aufschlitzen, das Mark herauskratzen und zusammen mit der in Stücke geschnittenen Schote zum Ansatz geben. Alles muss gut mit Essig bedeckt sein. Gefäß verschließen und Mischung an einem dunklen Platz 2–3 Wochen lang ruhen lassen.
3. Dann filtern und abfüllen.

Passt besonders zu:

- Salat, Dressing, Meeresfrüchten, Fisch, Fischsuppen, Gemüse und allem, bei dem das feine Aroma des Blütenessigs nicht überdeckt wird
- Obstsalat, Erdbeeren, Süßspeisen, die etwas Säure vertragen können
- als Aperitif verdünnt mit Mineralwasser oder Prosecco (etwa 1 : 10)

Die Variation mit etwas frischem Thymian oder aber einem Stückchen frischen Ingwer ist ebenfalls sehr schmackhaft. Die Säure evtl. mit 1 EL Blütenhonig reduzieren, wenn der Essig vor allem für Desserts oder als Getränk verwendet werden soll.

Safrangold-Essig

Goldfarbener, aromatischer Essig, leicht herb

Für 500 ml
5 Min.
Ruhezeit: 2–3 Wochen

300 ml Weißweinessig von guter Qualität
200 ml klarer Apfelessig
½ TL gemahlener Safran
10 Safranfäden

1. Beide Essigsorten in einen Topf geben und auf etwa 60 °C erhitzen. Den gemahlenen Safran zufügen und 5 Min. bei gleichbleibender Temperatur erwärmen. Danach in eine saubere Flasche füllen und die ganzen Safranfäden zugeben.
2. Essig im Dunklen noch 2–3 Wochen lang bis zur Verwendung ruhen lassen. Der Safran bleibt im Essig.

Passt besonders zu:

- Salatdressing, rohem Fisch, Sushi, Meeresfrüchten, Fischsuppe, blanchiertem Gemüse
- Obstsalat, Melonensalat, frischen Feigen, Eis, Kuchen, Schokoladendesserts, Pfannkuchen und für die Marmeladenherstellung
- als edles Getränk oder Aperitif verdünnt mit Mineralwasser oder Prosecco (etwa 1 : 10)

Ein Stückchen Blattgold (Speisegold, E 175) in der Flasche garantiert dem Safranessig einen großen Auftritt!

Gelagert werden sollte Safranessig zur Wahrung seiner Aromen immer im Dunklen.

Salbeiessig

Aromatischer, rot-brauner Kräuteressig

Für 300 ml
10 Min.
Ruhezeit: 3 Wochen

25 g frische Salbeiblätter
1 kleiner Zweig frischer Rosmarin
1 Knoblauchzehe
1 Stück Langer Pfeffer
260 ml klarer Apfelessig
50 ml Weißweinessig

1. Die Kräuter waschen, trocken schütteln, grob zerschneiden und in ein Ansatzgefäß füllen. Den Knoblauch schälen, in dünne Scheiben schneiden und zugeben. Den Pfeffer im Mörser zerstoßen.
2. Apfel- und Weißweinessig mit dem Pfeffer in einem Topf zum Kochen bringen und heiß über den Ansatz gießen. Abkühlen lassen, Gefäß verschließen und Mischung 3 Wochen lang an einem dunklen Ort ruhen lassen.
3. Dann durch einen Filter geben und in Flaschen abfüllen.

Passt besonders zu:

- Vinaigrette, Blattsalat, Tomaten- und Gurkensalat, Gemüse, weißen Bohnen, Pasta, Kartoffeln, Marinaden, Käse, Schweinefleisch, Hähnchen, Kalbfleisch und Fisch
- ohne Knoblauch und Pfeffer zur Herstellung von Essigbonbons geeignet

Reiner Salbeiessig (besonders auf Apfelessigbasis) ohne weitere Zusätze eignet sich hervorragend zum Gurgeln bei Halsschmerzen (verdünnt mit Tee oder Wasser) oder für Umschläge.

Senfessig

Leicht dickflüssiger, gelber Würzessig

Für 200 ml
10 Min.
Ruhezeit: ca. 1 Woche

1 EL gelbe Senfkörner
1 Stück Langer Pfeffer
250 ml Weißweinessig
1 TL frische Rosmarinnadeln
1 EL Honig
½ TL Salz

1. Senfkörner im Mörser oder in einem kleinen Mixer fein mahlen. Den Langen Pfeffer grob hacken. Weißweinessig in einem Topf erhitzen, aber nicht kochen lassen. Rosmarin, Honig, Salz und Pfeffer zugeben und den Essig auf 30 °C abkühlen lassen.
2. Das Senfmehl mit einem Schneebesen einrühren, gut durchmischen, damit keine Klümpchen bestehen bleiben. Mischung nun in eine weithalsige Flasche füllen, verschließen und 1 Woche lang ruhen lassen.
3. Den Geschmack testen, evtl. nochmals 3 Tage lang ziehen lassen.
4. Danach durch einen Kaffeefilter oder ein feines Mulltuch laufen lassen. Den fertigen Würzessig in eine Flasche füllen.

Passt besonders zu:

- deftigen Salaten aus Kartoffeln, Nudeln, Reis, Dressing
- kaltem Braten, Pasteten, Soßen, Mayonnaisen, Gemüse und Linsengerichten

Schärfer wird dieser Essig mit schwarzem Senf.

Wipferlessig

Aromatisch-frischer, heller Essig mit würziger Waldnote

Für 300 ml
15 Min.
Ruhezeit: 2–3 Wochen

2 kleine Kiefernadelzweige, ca. 20 cm Nadeln, im Frühjahr gepflückt
1 Knoblauchzehe
Schale von 1 Bio-Zitrone
8 Wacholderbeeren
½ TL Salz
350 ml Aceto balsamico oder Condimento bianco

1. Die Kiefernzweige waschen, trocken schütteln und mit einem scharfen Messer oder einer Schere in etwa 1 cm breite Stücke schneiden.
2. Den Knoblauch andrücken. Zitrone waschen, abtrocknen. Zitronenschale (ohne die weiße Unterhaut), Knoblauch, angedrückte Wacholderbeeren, Salz und die Kiefernzweigstücke in ein Ansatzglas füllen.
3. Den Essig in einem Topf zum Kochen bringen und sofort über die Mischung gießen. Ansatz abkühlen lassen, Gefäß verschließen und Mischung bei Zimmertemperatur 2–3 Wochen lang ziehen lassen.
4. Danach abfiltern und in eine Flasche füllen.

Passt besonders zu:

- Salat (vor allem kräftigen Salaten wie Tomaten- und Endiviensalat)
- Gemüse, Hülsenfrüchten, Kartoffeln, Marinaden, Soßen, Fleisch, vor allem Wild und Geflügel

Zimt-Traum

Aromatisch-würziger, roter Essig mit weihnachtlicher Note

Für 250 ml
30 Min.
Ruhezeit: 2–3 Wochen

260 ml Rotweinessig
1 Zimtstange
1 TL Vanillezucker
1 TL getrocknete Zimtblüten
1 EL Waldhonig oder brauner Rohrzucker

1. Den Rotweinessig in einem Topf erhitzen. Die Zimtstange grob zerkleinern und zusammen mit dem Vanillezucker und den Zimtblüten zugeben. 5 Min. lang wallend kochen lassen.
2. Topf vom Herd nehmen und Mischung 15 Min. abkühlen lassen, dann den Honig (oder Zucker) darin auflösen.
3. Ansatz durch einen Filter in eine saubere Flasche füllen. Abkühlen lassen, Gefäß verschließen und Essig dunkel und kühl lagern.
4. Wenn man den Essig noch 2–3 Wochen lang ruhen lässt, intensivieren sich die Aromen und wachsen zusammen.

Passt besonders zu:

- Blattsalat, Wintergemüse, Rotkohl, Maronen, dunklen Bratensoßen
- Wild, Meeresfrüchten (wie Jakobsmuscheln und Gambas)

Wer es gerne etwas scharf mag, fügt dem kochenden Essig ½ TL geschroteten Langen Pfeffer zu!

SHRUBS – FEIN SÄUERLICHER GENUSS

Der Name Shrub leitet sich vermutlich von dem arabischen »Sharab« ab, was so viel wie trinken bedeutet. Bereits im 19. Jahrhundert stellte man essiggesäuerte Sirupe zumeist zum Mixen von Cocktails her. Die daraus entstandenen Getränke eroberten schnell Bars und Lokale in Großbritannien, den Kolonien und Amerika. Zunächst stark alkoholhaltig, wurde im Zuge der Abstinenzbewegung besonders der alkoholfreie Himbeershrub zu einem der beliebtesten Erfrischungsgetränke in den USA. Danach verschwand er wieder größtenteils von der Bildfläche und tritt erst seit einigen Jahren wieder einen neuen Feldzug in Küchen und In-Lokalen an.

Heute wird Essigsirup genauso zum Mixen von alkoholhaltigen als auch von alkoholfreien Getränken verwendet. Er besteht zumeist aus reichlich Zucker (den braucht man auch), Essig und Früchten. Dazu können dann noch diverse Kräuter oder Gewürze einen letzten Schliff geben. Die Produktpalette wurde dabei mittlerweile stark erweitert und mehr Gewürze und auch die heutzutage erschwinglichen exotischen Früchte miteinbezogen. Neben Zitrusfrüchten, Beeren, Äpfeln und Birnen finden sich auch Rezepte mit Mango, Ananas und Passionsfrucht. Ein wenig Säure muss man natürlich schon mögen, denn Shrubs werden zwar stark verdünnt, haben aber immer noch einen hohen Säureanteil. Der Essig macht den Sirup gut haltbar, wobei die Fruchtaromen nach gewisser Zeit abbauen, auch wenn der Shrub an sich nicht so schnell verdirbt.

Der Geschmack nach Essig nimmt übrigens nach einer Ruhezeit immer mehr ab, die Früchte und Kräuter gehen eine Verbindung mit dem Essig ein, die den Shrub zu einem wunderbaren Aromacocktail machen.

Wofür kann man Shrubs verwenden?

- Für ein erfrischendes Sommergetränk gibt man einen Schuss davon in gekühltes Mineralwasser.
- Aufgefüllt mit trockenem oder halb trockenem Sekt nach Geschmack wird aus ihm ein trendiger Aperitif.
- Zum Mischen leckerer Cocktails (Beispielrezepte siehe S. 89).
- Zum Aromatisieren beim Einmachen und Einkochen: Marmelade, Kompott und Chutneys gibt ein Schuss Shrub den letzten Schliff – auch gut, wenn man auf Alkohol verzichten möchte.
- In Soßen und Marinaden für Salat und Grillgut machen sich Shrubs ebenfalls hervorragend.
- Desserts und Eiscreme krönt man mit ein paar Tropfen Shrub.

Himbeer-Sherry-Shrub mit Ingwer

Für 700 ml
25 Min.
Ruhezeit: 1 Woche

10 g Bio-Ingwer
¼ Vanilleschote
200 ml Wasser
300 g weißer Zucker
150 g Muscovadozucker
300 g frische oder TK-Himbeeren
300 ml Sherryessig (7 % Säure, ohne Konservierungs- und Farbstoffe, wenn erhältlich)

1. Ingwer abwaschen und grob hacken (Bio-Ware muss nicht geschält werden). Vanilleschote in Stücke schneiden.
2. Wasser, weißen Zucker sowie Muscovadozucker in einem Topf zum Kochen bringen. Wallend aufkochen, dann die gewaschenen und verlesenen oder auch gefrorenen Himbeeren, den Ingwer und die Vanille zugeben. 20 Min. lang sanft köcheln lassen.
3. Den Sherryessig einrühren, noch einmal 3 Min. kochen.
4. Mischung durch ein feines Sieb filtern, in eine Flasche abfüllen, verschließen und 1 Woche lang ruhen lassen.
5. Fertigen Shrub an einem kalten Ort, am besten im Kühlschrank, aufbewahren. Hält sich 4 Monate.

Wer den starken Geschmack von Sherryessig nicht so mag, kann auch leichteren Apfel- oder Weißweinessig verwenden. Der Shrub schmeckt auch ohne Ingwer, als reiner Himbeershrub, sehr gut.

Pfirsich-Earl-Grey-Shrub

Für ca. 800 ml
15 Min.
Ruhezeit: 3 Tage

500 g reife Plattpfirsiche
1 gehäufter TL Earl-Grey-Tee
400 g Zucker
1 TL Orangenzucker
400 ml Apfelessig

1. Pfirsiche waschen, halbieren, Steine entfernen. Fruchtfleisch klein schneiden und mit dem Tee, dem Zucker und dem Orangenzucker in eine Schüssel geben. Gut vermengen und abgedeckt 3 Tage in den Kühlschrank stellen. Täglich mehrmals umrühren.
2. Den Apfelessig zufügen, gut vermischen, bis der Zucker ganz gelöst ist.
3. Dann durch ein Sieb oder einen Nussmilchbeutel filtern, nicht zu fest ausdrücken und abfüllen.

Für ein Sommergetränk etwas Shrub (Menge nach Geschmack) und frische Pfirsichspalten in Gläser geben und mit Eiswasser aufgießen. Nach Wunsch mit frischen Kräutern servieren.

Statt Earl Grey kann man auch grünen Tee verwenden.

Holunderblüten-Shrub

Für 650 ml
5 Min.
Ruhezeit: 3 Tage

350 g Zucker
250 ml Wasser
80 g Holunderblüten
1 Bio-Zitrone
1 Bio-Orange
350 ml Apfelessig

Schmeckt sehr lecker und frühlingsleicht, auch geeignet zum Mixen von »Hugo«.

1. Zucker und Wasser in einen Topf geben und 10 Min. wallend zu einem Sirup einkochen.
2. Die Holunderblüten von den Stielen zupfen und in eine hitzefeste Schüssel füllen. Zitrone und Orange abwaschen, trocknen, in Scheiben schneiden und zufügen.
3. Mischung mit dem Apfelessig begießen. Den heißen Sirup daraufschütten, alles gut umrühren und Schüssel abdecken.
4. Shrub 3 Tage lang abgedeckt an einem kühlen Ort (evtl. im Kühlschrank) ruhen lassen.
5. Dann durch ein Tuch filtern und abfüllen. Hält sich 12 Monate lang.

Mandel-Kirsch-Shrub

Für 500–600 ml (je nach Saftgehalt der Kirschen)
15 Min.
Ruhezeit: 1 Tag im Kühlschrank und 4 Wochen

300 g frische oder TK-Kirschen, entsteint
300 g Zucker
30 g blanchierte Mandeln
250 ml Condimento bianco
1 Prise Zimtpulver

1. Gewaschene oder aufgetaute Kirschen ohne Kerne mit dem Zucker in eine Schüssel geben und gut mischen. 1 Tag zugedeckt im Kühlschrank Saft ziehen lassen.
2. Mandeln grob hacken, mit der Fruchtmischung, dem Essig und dem Zimt in ein Ansatzgefäß füllen. Verschlossen 4 Wochen lang kühl und dunkel ruhen lassen.
3. Dann durch ein Küchenhandtuch oder einen Kaffee- oder Likörfilter filtern und in Flaschen abfüllen und innerhalb von 4 Monaten aufbrauchen.

Für Limonade Shrub nach Geschmack in einen Krug geben, in Scheiben geschnittene Limetten und evtl. ein paar frische Kirschen zufügen und mit Eiswasser auffüllen.

Brombeershrub mit Lavendelblüten

Für ca. 400 ml
10 Min.
Ruhezeit: 3 Tage

250 g frische oder TK-Brombeeren
30 g Zitronenzucker
130 g brauner Rohrohrzucker
1 TL getrocknete Lavendelblüten
100 ml Apfelessig
50 ml Weißweinessig

Wer den Shrub saurer bevorzugt, erhöht die Menge an Essig bis zur doppelten Menge.

1. Brombeeren mit kaltem Wasser abwaschen und verlesen. In eine Schüssel geben und mit einem Stößel oder dem Fleischhacker gleichmäßig andrücken. TK-Brombeeren antauen lassen. Das Fruchtmus mit dem Zitronenzucker, dem Rohrohrzucker und den Lavendelblüten in ein großes Ansatzglas füllen. Alles gut durchmischen und verschlossen für 3 Tage in den Kühlschrank stellen.
2. Dann durch ein feines Sieb oder durch einen Nussmilchbeutel filtern und gut ausdrücken, es sollte 250–300 ml Sirup ergeben.
3. Mit dem Essig das Ansatzgefäß ausschwenken, um Fruchtreste und nicht aufgelösten Zucker auszuspülen. Den Essig zum Fruchtsirup durch ein Sieb laufen lassen, untermischen und Shrub in Flaschen abfüllen.
4. Kühl lagern. Hält sich etwa 6 Monate.

Salbei-Orangen-Shrub

Für 400 ml
35 Min.
Ruhezeit: 3 Tage

1 Bio-Orange
250 g Rohrohrzucker + 1 EL
12 frische Salbeiblätter
Ca. 220 ml Orangensaft
150 ml Apfelessig

1. Die Orange mit heißem Wasser gut abwaschen und abtrocknen. Die Schale (ohne die weiße Unterhaut) mit einer Reibe abnehmen und mit 1 EL Rohrohrzucker in einer Schüssel gut vermischen. In das Ansatzglas füllen.
2. Die Salbeiblätter waschen, trocken schütteln, fein hacken und dazugeben.
3. Saft der Orange auspressen, mit Orangensaft auf 250 ml auffüllen. Saft mit dem Rohrohrzucker in einen kleinen Topf geben und zum Kochen bringen. Bei starker Hitze und unter ständiger Aufsicht etwa 20 Min. lang zu einem dicken Sirup einkochen. Dabei oft umrühren. Durch ein feines Metallsieb in einen hitzebeständigen (etwa 110 °C heiß!) Messbecher gießen, es sollte 300 ml Sirup ergeben.
4. Apfelessig zum Sirup geben und verrühren. Noch heiß über die Orangenschalen-Salbei-Mischung im Ansatzglas gießen und Gefäß verschließen.
5. 3 Tage lang ruhen lassen, dann klar filtern, abfüllen und kühl lagern.

Minze-Zitronen-Shrub

Für 600 ml
10 Min.
Ruhezeit: 2 Wochen

100 g frische Minze
3 Bio-Zitronen
400 ml klarer Apfelessig
400 g Zucker

1. Minze waschen, trocken schütteln und klein schneiden. In ein Ansatzglas schichten.
2. Zitronen abwaschen, trocknen und klein schneiden, ebenfalls in das Gefäß geben. Mit dem Apfelessig auffüllen, sodass alles bedeckt ist, und Mischung verschlossen an einem dunklen Ort 2 Wochen ausziehen lassen.
3. Dann durch ein Sieb filtern. Minze-Zitronen-Essig mit dem Zucker in einen Topf geben und bei niedriger Hitze unter Rühren erwärmen, bis sich der Zucker aufgelöst hat.
4. Shrub in Flaschen abfüllen. Hält sich bis zu 12 Monate lang.

Maiwipferl-Salbei-Shrub

Für 900 ml
25 Min.
Ruhezeit: 2 Tage

½ Vanilleschote
5 frische große Salbeiblätter
400 ml Quellwasser (oder stilles Wasser)
500 g brauner Rohrohrzucker
400 ml Apfelessig
300–400 g frische junge Triebe von Tanne oder Fichte (Maiwipferl)

1. Vanilleschote und gewaschenen Salbei klein schneiden. Mit dem Wasser, dem Zucker und dem Essig in einen mittelgroßen Topf geben, zum Kochen bringen und 10 Min. wallend kochen, dabei öfters umrühren.
2. Die Maiwipferl waschen, abtropfen lassen und einrühren. Topf vom Herd nehmen und Mischung abkühlen lassen.
3. 2 Tage lang abgedeckt an einem kühlen Platz stehen lassen.
4. Dann Shrub durch ein Sieb filtern und in Flaschen abfüllen.

Birne-Ingwer-Shrub

Für 250–300 ml
10 Min.
Ruhezeit: 3 Wochen

15 g Bio-Ingwer
1 Tahiti-Vanilleschote
75 g getrocknete Birnen
1 EL frischer Thymian
200 ml Birnenessig
150 g Agavendicksaft

1. Ingwer waschen und grob in Stücke schneiden (Bio-Ware muss man nicht schälen). Vanilleschote längs aufschlitzen, Mark herauskratzen, Schote in Stücke schneiden. Birnen grob zerschneiden.
2. Birnen, Ingwer, Vanillemark und -schote sowie gewaschenen Thymian in ein Ansatzgefäß schichten. Mit Birnenessig und Agavendicksaft aufgießen. Gefäß verschließen und Ansatz 3 Wochen lang ruhen lassen.
3. Mischung in ein Mixgefäß umfüllen und mit dem Pürierstab feincremig pürieren. Ansatz durch ein Tuch passieren, Vorgang wiederholen, bis kaum noch Trübstoffe im Shrub enthalten sind (je nach Belieben).
4. Shrub in eine Flasche abfüllen. Kühl gelagert hält er sich 4–5 Monate.

Erdbeer-Minze-Shrub mit feiner Birnennote

Für 800 ml
20 Min.
Ruhezeit: 2 Tage, danach 2–3 Wochen

700 g Erdbeeren, geputzt gewogen
4 Triebspitzen Minze
100 g weißer Zucker
200 g Stevia-Zucker
80 ml Rotweinessig
220 ml Birnenessig

1. Erdbeeren waschen, putzen und in einem Mixbecher pürieren.
2. Minze abwaschen, ausschütteln und fein hacken. Mit dem Erdbeermus in eine verschließbare Schüssel geben, Zucker und Stevia-Zucker untermischen. Schüssel verschließen und für 2 Tage in den Kühlschrank stellen.
3. Dann Mischung durch einen Nussmilchbeutel oder ein Passiertuch drücken, evtl. Vorgang wiederholen, damit der Sirup nicht zu viele Fruchtrückstände enthält, dennoch sollte er dickflüssig, fast cremig sein. 500 ml davon abmessen.
4. Sirup mit den beiden Essigen vermischen und in Flaschen abfüllen. 2–3 Wochen lang verschlossen im Kühlschrank ruhen lassen.
5. Hält sich kühl und dunkel gelagert etwa 6 Monate lang.

Schmeckt sehr lecker in einem Dressing oder in Chutneys.

Wer keinen Birnenessig bekommt, kann auch guten Apfelessig verwenden.

Mango-Vanille-Shrub mit Karamellnote

Für 350 ml
20 Min.
Ruhezeit: 1 Woche, danach 2 Wochen

150 g Mangofruchtfleisch (ca. ½ Mango)
150 g brauner Rohrohrzucker
100 ml Wasser
½ Tahiti-Vanilleschote
220 ml Weißweinessig
100 g weißer Kandiszucker

1. Mango fein würfeln und beiseitestellen.
2. Rohrohrzucker in einem kleinen Topf bei voller Hitze anschmelzen (dabei immer beaufsichtigen, damit nichts anbrennt). Mit dem Wasser ablöschen. Die Vanilleschote längs aufschlitzen, das Mark herauskratzen, zum Zuckerwasser geben. Vanilleschote in kleine Stücke schneiden und ebenfalls in den Topf geben. Alles etwa 3 Min. lang zu einem dicken Sirup einkochen.
3. Dann die Mangowürfel zugeben und 1 weitere Minute unter Rühren aufkochen. Topf von der Herdplatte nehmen und den Essig unterrühren.
4. Alles in ein Ansatzglas füllen und Kandiszucker zufügen. Gefäß verschließen und Ansatz 1 Woche lang im Kühlschrank ruhen lassen. Erst weiterverarbeiten, wenn der gesamte Kandiszucker aufgelöst ist.
5. Dann Mischung durch ein feines Sieb filtern und Shrub in Flaschen abfüllen. Wer mag, kann auch alles mit den Mangowürfeln fein püriert verwenden. 2 Wochen lang ruhen lassen.
6. Shrub kühl lagern und innerhalb von 3 Monaten aufbrauchen.

Kräuter-Shrub mit Honig

Für 550 ml
15 Min.
Ruhezeit: 1–2 Wochen

3 EL getrocknete Melisse
2 EL getrocknete Lavendelblüten
350 ml Bio-Apfelessig
500 g Kastanienhonig (alternativ Waldhonig)

Veganer können statt Honig Agavendicksaft oder Ahornsirup verwenden.

Der Shrub schmeckt nicht nur gut, sondern hat gleichzeitig eine beruhigende und entspannende Wirkung.

Aufgegossen mit spritzigem Mineralwasser oder Sekt lecker als Aperitif.

1. Melisse zwischen den Fingern zerreiben und mit dem Lavendel in eine verschraubbare Flasche mit weitem Hals geben.
2. Essig in einem Topf zum Kochen bringen. Heiß über die Kräuter gießen und Mischung dann offen auf etwa 40 °C (handwarm) abkühlen lassen.
3. Den Honig darin ganz auflösen, dazu evtl. Flasche etwas schütteln.
4. Flasche verschließen und Ansatz an einem zimmerwarmen Ort abgedeckt (zum Schutz gegen das Licht) 1–2 Wochen lang ruhen lassen.
5. Dann durch ein feines Sieb filtern und abfüllen.
6. Kühl, aber nicht im Kühlschrank lagern und innerhalb von 6 Monaten aufbrauchen.

Wake-up-Shrub

Für 450 ml
5 Min.
Ruhezeit: 3 Wochen

2 Zimtstangen
2 EL frischer oder 1 gehäufter EL getrockneter Rosmarin
200 ml naturtrüber Apfelessig
300 g Akazienblütenhonig

1. Zimtstangen klein hacken. Frischen Rosmarin waschen und trocken schütteln.
2. Zimt, Rosmarin und die restlichen Zutaten in ein Ansatzgefäß geben. Schütteln, bis sich der Honig aufgelöst hat.
3. Gefäß verschließen und Ansatz an einem dunklen Ort 3 Wochen lang ruhen lassen.
4. Shrub dann filtern und abfüllen.

Hilft müden Geistern beim Munterwerden und ist daher eine gute Alternative zu Kaffee. Dafür morgens nüchtern 1 EL in 250 ml stillem oder leicht gespritztem Sodawasser auflösen und schluckweise trinken.

Bei Bedarf bis zum frühen Nachmittag nochmals wiederholen.

Veganer verwenden statt Honig etwas weniger Agavendicksaft oder etwas mehr Ahornsirup.

Ananas-Melisse-Shrub

Für 650 ml
20 Min.
Ruhezeit: 3–4 Wochen

400 ml Ananassaft
350 g Zucker
30 g Triebspitzen Minze
100 g getrocknete Ananas (ungeschwefelt)
1 Tonkabohne
2 TL Zitronenzucker
150 ml Weißweinessig
100 ml Apfelessig

1. Saft und Zucker in einen Topf geben und 10 Min. lang wallend zu einem Sirup einkochen.
2. Minze waschen, trocken schütteln, mit einer Schere grob zerschneiden und in ein Ansatzgefäß füllen. Klein gehackte Ananasstücke und gemörserte Tonkabohne sowie Zitronenzucker zugeben. Mit dem kochenden Sirup aufgießen, vermischen und auf etwa 40 °C (handwarm) abkühlen lassen.
3. Weißwein- und Apfelessig dazugießen, Gefäß verschließen und Ansatz gut durchschütteln.
4. An einem dunklen Ort 3–4 Wochen lang ruhen lassen, dann klar filtern und abfüllen.

Als Sommerdrink mit frischer Ananas, Minze und Limone servieren.

Aronia-Nelken-Shrub

Für 450 ml
15 Min.
Ruhezeit: 2–4 Wochen

250 ml Aroniabeerensaft
300 g Rohrohrzucker
5 Gewürznelken
180 ml Aceto balsamico

1. Saft und Zucker mit den grob gemörserten Gewürznelken in einem Topf zum Kochen bringen, dann Hitze reduzieren und alles 10 Min. lang sanft köcheln.
2. Aceto balsamico einrühren, dann Mischung durch einen feinen Filter abseihen und abfüllen.
3. Vor Verwendung 2–4 Wochen lang verschlossen ruhen lassen.

Erdbeer-Vanille-Shrub (Heißmethode)

Für 450 ml
20 Min.

250 g Erdbeeren, geputzt gewogen
5 große Blätter frisches Basilikum
1 TL gemahlene Vanille
300 g Rohrohrzucker
300 ml Apfelessig

1. Die gewaschenen Erdbeeren mit den gewaschenen Basilikumblättern und der gemahlenen Vanille in einem Mixer feincremig pürieren. Dann in einen Kochtopf umfüllen.
2. Zucker untermischen und unter Rühren erhitzen, bis der Zucker aufgelöst ist. Den Essig zugeben, verrühren und alles einmal aufkochen lassen.
3. Shrub durch ein feines Sieb oder einen Nussmilchbeutel filtern und in eine Flasche abfüllen.
4. Kühl aufbewahren.

Salbeiblüten-Birnen-Shrub

Für ca. 450 ml
10 Min.
Ruhezeit: 1 Std.

40 g Salbeiblüten am Stängel
270 g brauner Rohrzucker
1 EL Zitronenzucker
200 ml Wasser
200 ml Birnenessig

1. Salbeiblüten waschen, trocken schütteln, grob hacken, mit dem Rohrzucker und dem Zitronenzucker in eine Schüssel geben und 1 Std. lang zugedeckt ziehen lassen.
2. Mischung in einen Kochtopf umfüllen, Wasser zugeben und alles 10 Min. erhitzen, bis der Zucker sich auflöst. Topf vom Herd nehmen und Ansatz etwas abkühlen lassen.
3. Den Birnenessig untermischen. Shrub 1 Std. ziehen lassen.
4. Dann durch ein Küchentuch filtern und abfüllen.

Erdbeer-Minze-Shrub (Kaltmethode)

Für 450 ml
15 Min.
Ruhezeit: 3 Tage

300 g Erdbeeren, geputzt gewogen
1 Tonkabohne
2 Stiele frische Pfefferminze
300 g Zucker
300 ml Apfelessig

1. Gewaschene Erdbeeren klein schneiden und in eine Schüssel geben. Tonkabohne im Mörser stoßen, Minze waschen, trocken schütteln und klein hacken. Beides zu den Erdbeeren geben. Den Zucker einrühren. Mischung abgedeckt im Kühlschrank 3 Tage lang ziehen lassen, dabei 2-mal am Tag umrühren.
2. Dann Ansatz durch ein Sieb oder einen Nussmilchbeutel filtern, nur leicht ausdrücken.
3. Sirup mit dem Apfelessig mischen und abfüllen.

Für eine Sommerlimonade mit Zitronenscheiben und frischer Minze im Glas servieren und mit kaltem Wasser aufgießen.

Aprikosen-Lavendel-Shrub

Für ca. 1 l
15 Min.
Ruhezeit: 3 Tage

750 g reife Aprikosen
750 g Zucker
1 EL frische oder getrocknete Lavendelblüten
400 ml Apfelessig

1. Die Aprikosen waschen, halbieren, entkernen und klein würfeln. Mit dem Zucker und den Lavendelblüten in eine Schüssel geben und gut vermischen.
2. 3 Tage abgedeckt in den Kühlschrank stellen, dabei öfters umrühren.
3. Dann durch ein Sieb filtern. Sirup mit dem Apfelessig mischen und abfüllen.

Schokoladenbalsam-Shrub

Für 300 ml
5 Min.
Ruhezeit: 3 Tage

100 ml Aceto balsamico
30 g Kakaopulver, entölt
½ TL Zimtpulver
1 TL Vanillezucker
200 ml Agavendicksaft

1. Den Aceto balsamico in einem Kochtopf erhitzen, aber nicht kochen (etwa 45 °C, mehr sollte es nicht sein).
2. Das Kakaopulver, den Zimt und den Vanillezucker mit einem Schneebesen darin auflösen. Den Agavendicksaft einrühren.
3. Mischung in eine Flasche füllen und am besten noch 3 Tage lang ruhen lassen.

Vor allem zum Mixen von Cocktails geeignet (aber nicht mit Milch!).

Kaffee-Kardamom-Shrub

Für ca. 200 ml
10 Min.
Ruhezeit: 1 Std.

15 g ganze Kaffeebohnen, geröstet
3 Kardamomkapseln
½ Vanilleschote
150 ml Weißweinessig
200 g brauner Rohrzucker

1. Die Kaffeebohnen und den Kardamom im Mörser zerstoßen. Vanilleschote aufschlitzen, Mark herauskratzen, Schote klein schneiden.
2. Vanillemark und -schote sowie Kaffee-Kardamom-Mehl mit dem Essig in einem Kochtopf erhitzen, aber nicht kochen lassen. Topf vom Herd nehmen, den Sud 1 Std. abgedeckt ziehen lassen.
3. Dann durch ein Küchentuch filtern.
4. Den Kaffee-Essig mit dem Zucker in einen Topf geben und nochmals erwärmen. Den Zucker unter Rühren auflösen, dann Shrub abfüllen.

Vor allem für Cocktails und Desserts geeignet (nur ohne Milch!).

Je besser die Qualität der verwendeten Kaffeebohnen und des Basisessigs ist, desto aromatischer wird das Ergebnis.

Gentleman-Shrub

Für 500 ml
30 Min.
Ruhezeit: 1 Std.

1 Vanilleschote
2 TL Potenzholz (muira puama)
3 TL Damianakraut
3 TL Catuaba
1 TL getrockneter Rosmarin
300 ml Wasser
Schale von 1 Bio-Zitrone
200 ml klarer Apfelessig
250 g Honig

Als anregendes Getränk, nur für Erwachsene. Am besten mit alkoholfreiem oder nur leicht alkoholhaltigem Getränk auffüllen, z. B. Ingwerbier oder Tonic Water und Eis.

1. Vanilleschote längs aufschlitzen und das Mark herauskratzen. Beides mit Potenzholz, Damianakraut, Catuaba, Rosmarin und Wasser in einen Topf geben und 20 Min. sanft köcheln, bis die Flüssigkeit etwa um die Hälfte reduziert ist.
2. Zitrone waschen und abtrocknen. Den Essig und die Zitronenschale (ohne die weiße Unterhaut) zugeben und Topf vom Herd nehmen. Ansatz 1 Std. ziehen lassen.
3. Dann durch ein Küchentuch klar filtern. Essigmischung mit dem Honig in einen Topf geben, vermischen und leicht anwärmen (nicht über 40 °C), damit sich der Honig gut auflöst. Dann Shrub in Flaschen abfüllen.

COCKTAILREZEPTE MIT SHRUBS

Im Folgenden finden Sie einige Beispielrezepte für leckere Getränke mit Shrubs. Wie viel Essigsirup Sie verwenden, hängt ganz von Ihrem individuellen Geschmack ab.

Himbeer-Rum-Sour

Exotisch, fruchtig, säuerlich

Für 1 Drink
5 Min.

Eiswürfel
1 Teil Himbeer-Sherry-Shrub mit Ingwer
2 Teile dunkler Rum
4 Teile Ingwerbier (Ginger Ale)
Ein paar frische Himbeeren sowie Minzblättchen zur Deko

1. Eiswürfel in die Gläser verteilen.
2. Himbeer-Sherry-Shrub mit Rum mischen und über das Eis gießen, mit dem Ingwerbier auffüllen.
3. Himbeeren und Minze zugeben und sofort servieren.

Daiquiri-Busy

Fruchtig, lieblich und süß-sauer

Für 1 Drink
5 Min.

1 Teil Brombeershrub mit Lavendelblüten
1 Teil Honig (bevorzugt Lavendelhonig)
2 Teile Rum
Eiswürfel
4 Teile spritziges Mineralwasser
Zitronenspalten

1. Brombeer-Shrub mit dem Honig und dem Rum mischen. In Gläser verteilen, Eiswürfel zugeben und mit Mineralwasser auffüllen.
2. Mit den Zitronenspalten servieren.

Feierabend-Kaffee

Herb, fruchtig, säuerlich

Für 1 Drink
5 Min.

1 Teil Kaffee-Kardamom-Shrub
½ Teil Himbeer-Sherry-Shrub mit Ingwer
2 Teile Orangenlikör
Eiswürfel

1. Shrubs mit dem Orangenlikör mischen.
2. Eiswürfel in Whiskygläser verteilen und mit der Shrubmischung begießen.

Birne-Ingwer Yum Yum Sour

säuerlich, fruchtig, minzig

Für 1 Drink
5 Min.

1 Teil Birne-Ingwer-Shrub
2 Teile Martini
2 Teile Gin
Ein paar Minzblätter
Eiswürfel oder crushed Eis
Evtl. frische Birnenspalten zum Garnieren

1. Birne-Ingwer-Shrub mit Martini und Gin mischen. Minze und Eiswürfel in Gläser verteilen.
2. Shrubmischung darübergießen, mit Birnenspalten dekorieren.

Bezugsquellen

Kräuter, Gewürze und Trockenfrüchte
Dragonspice Naturwaren Versand
Inhaber: Christian Recke M. A. Ethnologe
Im Staudfuß 4
72770 Reutlingen
Tel.: 07121 5939980
www.dragonspice.de
E-Mail: info@dragonspice.de

Madavanilla
Inhaber: Christian Terno
In der Hut 3c
86565 Peutenhausen
Tel.: 08252 8817769
www.madavanilla.de
E-Mail: info@madavanilla.de

Reinzucht Essigmutter (Bakterien)
Store-Germany e. K. (über www.amazon.de)
Inhaber: Juri Kechter
Unterislinger Weg 10a
93053 Regensburg
Tel.: 0941 70814454
E-Mail: jkechter@web.de

Likör- oder Faltenfilter
Brennerei Keßler
Inhaber: Markus Keßler
Breitsodstraße 4
77740 Bad Peterstal-Griesbach
Tel.: 07806 8062
www.brennerei-kessler.de
E-Mail: info@brennerei-Kessler.de

Bildnachweis

S. 10: Shutterstock/ Gua; S. 11: Shutterstock/ Monticello; S. 13: Shutterstock/ Chamille White; S. 16: Shutterstock/ Yulia von Eisenstein; S. 17: Shutterstock/ Alp Aksoy; S. 18: Shutterstock/ Scarlat Cristi Iulian; S. 19: Shutterstock/ 5PH; S. 19, 31: Shutterstock/ zetat; S. 21: Shutterstock/ Soyka; S. 22: Shutterstock/ Antonio Gravante; S. 24: Shutterstock/ sta; S. 25: fotolia/ robynmac; S. 26: Shutterstock/ Reschme; S. 27: Shutterstock/5PH; S. 29: Shutterstock/ Aivolie; S. 39: Shutterstock/ ziasgusha; S. 42: Shutterstock/ Yotka; S. 43: Shutterstock/ Madeleine Steinbach; S. 44: Shutterstoch/ Timolina; S. 45, 58: Shutterstock/ Brent Hofacker; S. 45, 48: Shutterstock/ DG Stock; S. 45, 52, 57: Shutterstock/ 279photo Studio; S. 47: Shutterstock/ suremen; S. 50: Shutterstock/ aliasemma; S. 53: Fotolia/ PIXATERRA; S. 54: Fotolia/ Igor Normann; S. 56: Fotolia/ Sébastien Garcia; S. 59: Shutterstock/ Chudovska; S. 60: Shutterstock/ Christian Jung; S. 62: Shutterstock/ Quanthem; S. 65, 89, 90: Shutterstock/ IriGri; S. 66: Shutterstock/ Rimma Bondarenko; S. 68: Shutterstock/ Natasha Breen; S. 69: Shutterstock/ sarsmis; S. 73: Shutterstock/ Subbotina Anna; S. 75: Shutterstock/ Irina Malikova; S. 77: Shutterstock/ Proxima13; S. 79: Shutterstock/ Rimma Bondarenko; S. 83: Shutterstock/ Wiktory; S. 85: Shutterstock/ Kozlenko; S. 87: Shutterstock/ Africa Studio; S. 88: Shutterstock/ Roman Voloshyn; S. 89, 92: Shutterstock/ graphia; S. 9, 19, 23, 28; 33, 34, 35, 37, 38, 40, 49, 61; 67, 70, 71, 72, 76, 81 © Karl-Heinz Engler

Auch als **E-Book** erhältlich

96 Seiten
12,99 € (D) | 13,40 € (A)
ISBN 978-3-7423-0312-7

Elisabeth Engler

Die besten Hausmittel selbst gemacht

Kräutermedizin, Wickel und Heilsalben für die ganze Familie

Schon unsere Großmütter haben auf die Kraft der Natur vertraut und wussten, dass man Erkältungen, Prellungen oder Hautprobleme am besten mit natürlichen Hausmitteln in den Griff bekommt. Denn Kräuter, Gewürze und sogar einfache Lebensmittel wie Zwiebeln, Kartoffeln und Karotten können bei vielen Beschwerden Linderung verschaffen oder Heilung bringen. Wie Sie solche Hausmittel ganz einfach herstellen und gegen welche Erkrankungen sie genutzt werden, wird in diesem Buch leicht verständlich und ausführlich beschrieben. Es beinhaltet hilfreiche Ratschläge und Rezepte für modern aufbereitete, altbewährte und auch neue Teemischungen, Kräuterweine, Elixiere, Massageöle, Heilsalben, Tinkturen und Kräuterauszüge, Umschläge und Wickel, vieles davon schnell und mit wenig Aufwand selbst gemacht sowie erfreulich preiswert.

riva

Weitere Titel der Reihe

riva